TRANZLATY

Language is for everyone

Jazyk je pre každého

The Little Mermaid

Malá Morská Víla

Hans Christian Andersen

English / Slovenčina

Copyright © 2023 Tranzlaty
All rights reserved.
Published by Tranzlaty
ISBN: 978-1-83566-960-0
Original text by Hans Christian Andersen
Den Lille Havfrue
First published in Danish in 1837
www.tranzlaty.com

The Sea King's Palace
Palác morského kráľa

Far out in the ocean, where the water is blue
Ďaleko v oceáne, kde je voda modrá
here the water is as blue as the prettiest cornflower
tu je voda modrá ako najkrajšia nevädza
and the water is as clear as the purest crystal
a voda je čistá ako ten najčistejší kryštál
this water, far out in the ocean is very, very deep
táto voda, ďaleko v oceáne, je veľmi, veľmi hlboká
water so deep, indeed, that no cable could reach the bottom
voda bola taká hlboká, že na dno sa nedostal žiadny kábel
you could pile many church steeples upon each other
môžete nahromadiť veľa kostolných veží na seba
but all the churches could not reach the surface of the water
ale všetky kostoly sa nemohli dostať na hladinu vody
There dwell the Sea King and his subjects
Tam býva morský kráľ a jeho poddaní
you might think it is just bare yellow sand at the bottom
možno si myslíte, že je to len holý žltý piesok na dne
but we must not imagine that there is nothing there
ale nesmieme si predstavovať, že tam nič nie je
on this sand grow the strangest flowers and plants
na tomto piesku rastú tie najpodivnejšie kvety a rastliny
and you can't imagine how pliant the leaves and stems are
a neviete si predstaviť, aké poddajné sú listy a stonky
the slightest agitation of the water causes the leaves to stir
najmenšie zamiešanie vody spôsobí, že sa listy rozbúria
it is as if each leaf had a life of its own
je to, ako keby každý list mal svoj vlastný život
Fishes, both large and small, glide between the branches
Pomedzi konáre sa kĺžu veľké aj malé ryby
just like when birds fly among the trees here upon land
ako keď vtáky lietajú medzi stromami tu na zemi

In the deepest spot of all stands a beautiful castle
V najhlbšom mieste zo všetkých stojí nádherný zámok
this beautiful castle is the castle of the Sea King
tento krásny hrad je hradom morského kráľa
the walls of the castle are built of coral
múry hradu sú postavené z koralov
and the long Gothic windows are of the clearest amber
a dlhé gotické okná sú z najčistejšieho jantáru
The roof of the castle is formed of sea shells
Strechu hradu tvoria mušle
and the shells open and close as the water flows over them
a škrupiny sa otvárajú a zatvárajú, keď cez ne preteká voda
Their appearance is more beautiful than can be described
Ich vzhľad je krajší, ako sa dá opísať
within each shell there lies a glittering pearl
v každej škrupine leží trblietavá perla
and each pearl would be fit for the diadem of a queen
a každá perla by sa hodila na diadém kráľovnej

The Sea King had been a widower for many years
Morský kráľ bol dlhé roky vdovec
and his aged mother looked after the household for him
a jeho stará matka sa mu starala o domácnosť
She was a very sensible woman
Bola to veľmi rozumná žena
but she was exceedingly proud of her royal birth
ale bola nesmierne hrdá na svoje kráľovské narodenie
and on that account she wore twelve oysters on her tail
a na to konto nosila na chvoste dvanásť ustríc
others of high rank were only allowed to wear six oysters
iným vysoko postaveným bolo dovolené nosiť len šesť ustríc
She was, however, deserving of very great praise
Zaslúžila si však veľkú pochvalu
there was something she especially deserved praise for
bolo niečo, za čo si obzvlášť zaslúžila pochvalu
she took great care of the little sea princesses

veľmi sa starala o malé morské princezné
she had six granddaughters that she loved
mala šesť vnučiek, ktoré milovala
all the sea princesses were beautiful children
všetky morské princezné boli krásne deti
but the youngest sea princess was the prettiest of them
ale najmladšia morská princezná bola z nich najkrajšia
Her skin was as clear and delicate as a rose leaf
Jej pokožka bola čistá a jemná ako list ruže
and her eyes were as blue as the deepest sea
a jej oči boli modré ako najhlbšie more
but, like all the others, she had no feet
ale ako všetci ostatní nemala nohy
and at the end of her body was a fish's tail
a na konci jej tela bol rybí chvost

All day long they played in the great halls of the castle
Celý deň hrali vo veľkých sálach hradu
out of the walls of the castle grew beautiful flowers
z múrov hradu vyrástli nádherné kvety
and she loved to play among the living flowers
a rada sa hrala medzi živými kvetmi
The large amber windows were open, and the fish swam in
Veľké jantárové okná boli otvorené a ryby vplávali dovnútra
it is just like when we leave the windows open
je to ako keď necháme otvorené okná
and then the pretty swallows fly into our houses
a potom tie pekné lastovičky vletia do našich domov
only the fishes swam up to the princesses
len ryby priplávali k princeznám
they were the only ones that ate out of her hands
boli jediní, ktorí jej jedli z rúk
and they allowed themselves to be stroked by her
a nechali sa od nej hladkať

Outside the castle there was a beautiful garden

Pred hradom bola krásna záhrada
in the garden grew bright-red and dark-blue flowers
v záhrade rástli jasnočervené a tmavomodré kvety
and there grew blossoms like flames of fire
a tam rástli kvety ako plamene ohňa
the fruit on the plants glittered like gold
plody na rastlinách sa trblietali ako zlato
and the leaves and stems continually waved to and fro
a listy a stonky sa neustále vlnili sem a tam
The earth on the ground was the finest sand
Zem na zemi bola tým najjemnejším pieskom
but this sand does not have the colour of the sand we know
ale tento piesok nemá farbu piesku, ktorú poznáme
this sand is as blue as the flame of burning sulphur
tento piesok je modrý ako plameň horiacej síry
Over everything lay a peculiar blue radiance
Nad všetkým ležalo zvláštne modré vyžarovanie
it is as if the blue sky were everywhere
je to ako keby všade bola modrá obloha
the blue of the sky was above and below
modré z neba bolo hore aj dole
In calm weather the sun could be seen
Za pokojného počasia bolo vidieť slnko
from here the sun looked like a reddish-purple flower
odtiaľto vyzeralo slnko ako červenofialový kvet
and the light streamed from the calyx of the flower
a svetlo prúdilo z kalicha kvetu

the palace garden was divided into several parts
palácová záhrada bola rozdelená na niekoľko častí
Each of the princesses had their own little plot of ground
Každá z princezien mala svoj malý pozemok
on this plot they could plant whatever flowers they pleased
na tomto pozemku mohli zasadiť akékoľvek kvety, ktoré sa im páčili
one princess arranged her flower bed in the form of a whale

jedna princezná upravila svoj záhon do podoby veľryby
one princess arranged her flowers like a little mermaid
jedna princezná si naaranžovala kvety ako malá morská víla
and the youngest child made her garden round, like the sun
a najmladšie dieťa urobilo svoju záhradu okrúhlou ako slnko
and in her garden grew beautiful red flowers
a v jej záhrade rástli krásne červené kvety
these flowers were as red as the rays of the sunset
tieto kvety boli červené ako lúče západu slnka

She was a strange child; quiet and thoughtful
Bola zvláštne dieťa; tichý a zamyslený
her sisters showed delight at the wonderful things
jej sestry prejavili radosť z úžasných vecí
the things they obtained from the wrecks of vessels
veci, ktoré získali z vrakov plavidiel
but she cared only for her pretty red flowers
ale starala sa len o svoje pekné červené kvety
although there was also a beautiful marble statue
hoci tam bola aj krásna mramorová socha
the statue was the representation of a handsome boy
socha predstavovala pekného chlapca
the boy had been carved out of pure white stone
chlapec bol vytesaný z čistého bieleho kameňa
and the statue had fallen to the bottom of the sea from a wreck
a socha spadla na dno mora z vraku
for this marble statue of a boy she cared about too
za túto mramorovú sochu chlapca, na ktorej jej tiež záležalo

She planted, by the statue, a rose-colored weeping willow
Pri soche zasadila ružovú smútočnú vŕbu
and soon the weeping willow hung its fresh branches over the statue
a onedlho smútočná vŕba zavesila svoje čerstvé konáre nad sochu

the branches almost reached down to the blue sands
konáre takmer siahali až k modrým pieskom
The shadows of the tree had the color of violet
Tiene stromu mali fialovú farbu
and the shadows waved to and fro like the branches
a tiene sa vlnili sem a tam ako konáre
all of this created the most interesting illusion
to všetko vytváralo tú najzaujímavejšiu ilúziu
it was as if the crown of the tree and the roots were playing
akoby sa hrala koruna stromu a korene
it looked as if they were trying to kiss each other
vyzeralo to, akoby sa pokúšali pobozkať

her greatest pleasure was hearing about the world above
jej najväčším potešením bolo počuť o svete hore
the world above the deep sea she lived in
svet nad hlbokým morom, v ktorom žila
She made her old grandmother tell her all about the upper world
Prinútila svoju starú babičku, aby jej povedala všetko o hornom svete
the ships and the towns, the people and the animals
lode a mestá, ľudia a zvieratá
up there the flowers of the land had fragrance
tam hore voňali kvety krajiny
the flowers below the sea had no fragrance
kvety pod morom nemali žiadnu vôňu
up there the trees of the forest were green
tam hore boli zelené stromy
and the fishes in the trees could sing beautifully
a ryby na stromoch vedeli krásne spievať
up there it was a pleasure to listen to the fish
tam hore bola radosť počúvať ryby
her grandmother called the birds fishes
jej stará mama volala vtáky rybami
else the little mermaid would not have understood

inak by to malá morská víla nepochopila
because the little mermaid had never seen birds
pretože malá morská víla nikdy nevidela vtáky

her grandmother told her about the rites of mermaids
jej stará mama jej rozprávala o obradoch morských panien
"one day you will reach your fifteenth year"
"Jedného dňa dosiahneš pätnásty rok"
"then you will have permission to go to the surface"
"potom budete mať povolenie ísť na povrch"
"you will be able to sit on the rocks in the moonlight"
"budeš môcť sedieť na skalách v mesačnom svite"
"and you will see the great ships go sailing by"
"a uvidíte, ako veľké lode plávajú okolo"
"Then you will see forests and towns and the people"
"Potom uvidíš lesy, mestá a ľudí"

the following year one of the sisters was going to be fifteen
nasledujúci rok mala jedna zo sestier pätnásť rokov
but each sister was a year younger than the other
ale každá sestra bola o rok mladšia ako tá druhá
the youngest sister was going to have to wait five years before her turn
najmladšia sestra bude musieť počkať päť rokov, kým na ňu príde rad
only then could she rise up from the bottom of the ocean
až potom mohla vstať z dna oceánu
and only then could she see the earth as we do
a až potom mohla vidieť zem ako my
However, each of the sisters made each other a promise
Každá zo sestier si však dala sľub
they were going to tell the others what they had seen
chystali sa ostatným povedať, čo videli
Their grandmother could not tell them enough
Ich stará mama im nevedela povedať dosť
there were so many things they wanted to know about

bolo toľko vecí, o ktorých chceli vedieť

the youngest sister longed for her turn the most
najmladšia sestra túžila po svojom obrate najviac
but, she had to wait longer than all the others
ale musela čakať dlhšie ako všetci ostatní
and she was so quiet and thoughtful about the world
a bola taká tichá a premýšľala o svete
there were many nights where she stood by the open window
bolo veľa nocí, keď stála pri otvorenom okne
and she looked up through the dark blue water
a pozrela sa hore cez tmavomodrú vodu
and she watched the fish as they splashed with their fins
a sledovala ryby, ako sa špliechajú svojimi plutvami
She could see the moon and stars shining faintly
Videla mesiac a hviezdy slabo žiariť
but from deep below the water these things look different
ale hlboko pod vodou tieto veci vyzerajú inak
the moon and stars looked larger than they do to our eyes
Mesiac a hviezdy vyzerali väčšie ako našim očiam
sometimes, something like a black cloud went past
niekedy okolo prešlo niečo ako čierny mrak
she knew that it could be a whale swimming over her head
vedela, že to môže byť veľryba, ktorá jej pláva nad hlavou
or it could be a ship, full of human beings
alebo by to mohla byť loď plná ľudských bytostí
human beings who couldn't imagine what was under them
ľudské bytosti, ktoré si nevedeli predstaviť, čo je pod nimi
a pretty little mermaid holding out her white hands
pekná malá morská víla naťahujúca svoje biele ruky
a pretty little mermaid reaching towards their ship
pekná malá morská panna siahajúca k ich lodi

The Little Mermaid's Sisters
Sestry Malej morskej víly

The day came when the eldest mermaid had her fifteenth birthday
Prišiel deň, keď mala najstaršia morská panna pätnáste narodeniny
now she was allowed to rise to the surface of the ocean
teraz jej bolo dovolené vystúpiť na hladinu oceánu
and that night she swum up to the surface
a v tú noc vyplávala na hladinu
you can imagine all the things she saw up there
viete si predstaviť všetky veci, ktoré tam hore videla
and you can imagine all the things she had to talk about
a viete si predstaviť všetky veci, o ktorých musela hovoriť
But the finest thing, she said, was to lie on a sand bank
Ale najkrajšia vec, povedala, bolo ležať na pieskovisku
in the quiet moonlit sea, near the shore
v tichom mesačnom mori, blízko pobrežia
from there she had gazed at the lights on the land
odtiaľ hľadela na svetlá na zemi
they were the lights of the near-by town
boli svetlami blízkeho mesta
the lights had twinkled like hundreds of stars
svetlá blikali ako stovky hviezd
she had listened to the sounds of music from the town
počúvala zvuky hudby z mesta
she had heard noise of carriages drawn by their horses
počula hluk kočov ťahaných ich koňmi
and she had heard the voices of human beings
a počula hlasy ľudských bytostí
and the had heard merry pealing of the bells
a počuli veselé búchanie zvonov
the bells ringing in the church steeples
zvony zvonia na kostolných vežiach
but she could not go near all these wonderful things

ale nemohla sa priblížiť ku všetkým týmto úžasným veciam
so she longed for these wonderful things all the more
tak o to viac túžila po týchto úžasných veciach

you can imagine how eagerly the youngest sister listened
viete si predstaviť, ako horlivo počúvala najmladšia sestra
the descriptions of the upper world were like a dream
opisy horného sveta boli ako sen
afterwards she stood at the open window of her room
potom stála pri otvorenom okne svojej izby
and she looked to the surface, through the dark-blue water
a pozrela sa na hladinu cez tmavomodrú vodu
she thought of the great city her sister had told her of
myslela na veľké mesto, o ktorom jej povedala sestra
the great city with all its bustle and noise
veľké mesto so všetkým jeho ruchom a hlukom
she even fancied she could hear the sound of the bells
dokonca sa jej zdalo, že počuje zvuk zvonov
she imagined the sound of the bells carried to the depths of the sea
predstavovala si zvuk zvonov nesúcich sa do hlbín mora

after another year the second sister had her birthday
po ďalšom roku mala narodeniny druhá sestra
she too received permission to swim up to the surface
aj ona dostala povolenie vyplávať na hladinu
and from there she could swim about where she pleased
a odtiaľ mohla plávať, kde sa jej zachcelo
She had gone to the surface just as the sun was setting
Vyplávala na povrch práve vtedy, keď slnko zapadalo
this, she said, was the most beautiful sight of all
toto, povedala, bol ten najkrajší pohľad zo všetkých
The whole sky looked like a disk of pure gold
Celá obloha vyzerala ako kotúč z čistého zlata
and there were violet and rose-colored clouds
a boli tam fialové a ružové oblaky

they were too beautiful to describe, she said
boli príliš krásne na to, aby sa dali opísať, povedala
and she said how the clouds drifted across the sky
a povedala, ako sa oblaky unášali po oblohe
and something had flown by more swiftly than the clouds
a niečo preletelo rýchlejšie ako oblaky
a large flock of wild swans flew toward the setting sun
veľký kŕdeľ divých labutí letel smerom k zapadajúcemu slnku
the swans had been like a long white veil across the sea
labute boli ako dlhý biely závoj cez more
She had also tried to swim towards the sun
Tiež sa snažila plávať smerom k slnku
but some distance away the sun sank into the waves
ale o kúsok ďalej sa slnko ponorilo do vĺn
she saw how the rosy tints faded from the clouds
videla, ako sa ružové odtiene vytratili z oblakov
and she saw how the colour had also faded from the sea
a videla, ako aj farba z mora vybledla

the next year it was the third sister's turn
ďalší rok bola na rade tretia sestra
this sister was the most daring of all the sisters
táto sestra bola najodvážnejšia zo všetkých sestier
she swam up a broad river that emptied into the sea
plávala po širokej rieke, ktorá ústila do mora
On the banks of the river she saw green hills
Na brehoch rieky videla zelené kopce
the green hills were covered with beautiful vines
zelené kopce boli pokryté krásnym viničom
and on the hills there were forests of trees
a na kopcoch boli lesy stromov
and out of the forests palaces and castles poked out
a z lesov vytŕčali paláce a zámky
She had heard birds singing in the trees
Počula spev vtákov na stromoch
and she had felt the rays of the sun on her skin

a ona cítila lúče slnka na svojej koži
the rays were so strong that she had to dive back
lúče boli také silné, že sa musela ponoriť späť
and she cooled her burning face in the cool water
a schladila si horiacu tvár v studenej vode
In a narrow creek she found a group of little children
V úzkom potoku našla skupinku malých detí
they were the first human children she had ever seen
boli to prvé ľudské deti, ktoré kedy videla
She wanted to play with the children too
Chcela sa hrať aj s deťmi
but the children fled from her in a great fright
ale deti od nej utekali vo veľkom strachu
and then a little black animal came to the water
a potom prišlo k vode malé čierne zvieratko
it was a dog, but she did not know it was a dog
bol to pes, ale nevedela, že je to pes
because she had never seen a dog before
pretože ešte nikdy nevidela psa
and the dog barked at the mermaid furiously
a pes zúrivo štekal na morskú pannu
she became frightened and rushed back to the open sea
zľakla sa a ponáhľala sa späť na otvorené more
But she said she should never forget the beautiful forest
Ale povedala, že by nikdy nemala zabudnúť na krásny les
the green hills and the pretty children
zelené kopce a pekné deti
she found it exceptionally funny how they swam
pripadalo jej mimoriadne vtipné, ako plávali
because the little human children didn't have tails
pretože malé ľudské deti nemali chvosty
so with their little legs they kicked the water
tak svojimi malými nožičkami kopali do vody

The fourth sister was more timid than the last
Štvrtá sestra bola bojazlivejšia ako predchádzajúca

She had decided to stay in the midst of the sea
Rozhodla sa zostať uprostred mora
but she said it was as beautiful there as nearer the land
ale povedala, že tam je tak krásne, čím bližšie k zemi
from the surface she could see many miles around her
z povrchu videla okolo seba mnoho kilometrov
the sky above her looked like a bell of glass
obloha nad ňou vyzerala ako sklenený zvon
and she had seen the ships sail by
a videla preplávať lode
but the ships were at a very great distance from her
ale lode boli od nej vo veľmi veľkej vzdialenosti
and, with their sails, the ships looked like sea gulls
a s plachtami vyzerali lode ako čajky
she saw how the dolphins played in the waves
videla, ako sa delfíny hrajú vo vlnách
and great whales spouted water from their nostrils
a veľké veľryby chrlili vodu zo svojich nozdier
like a hundred fountains all playing together
ako sto fontán, ktoré sa spolu hrajú

The fifth sister's birthday occurred in the winter
Piata sestra mala narodeniny v zime
so she saw things that the others had not seen
takže videla veci, ktoré ostatní nevideli
at this time of the year the sea looked green
v tomto ročnom období vyzeralo more zelené
large icebergs were floating on the green water
na zelenej vode plávali veľké ľadovce
and each iceberg looked like a pearl, she said
a každý ľadovec vyzeral ako perla, povedala
but they were larger and loftier than the churches
ale boli väčšie a vznešenejšie ako kostoly
and they were of the most interesting shapes
a mali najzaujímavejšie tvary
and each iceberg glittered like diamonds

a každý ľadovec sa trblietal ako diamanty
She had seated herself on one of the icebergs
Posadila sa na jeden z ľadovcov
and she let the wind play with her long hair
a nechala vietor hrať sa s jej dlhými vlasmi
She noticed something interesting about the ships
Všimla si niečo zaujímavé na lodiach
all the ships sailed past the icebergs very rapidly
všetky lode preplávali okolo ľadovcov veľmi rýchlo
and they steered away as far as they could
a zamierili tak ďaleko, ako len mohli
it was as if they were afraid of the iceberg
akoby sa báli ľadovca
she stayed out at sea into the evening
zostala na mori až do večera
the sun went down and dark clouds covered the sky
slnko zapadlo a oblohu zakryli tmavé mraky
the thunder rolled across the ocean of icebergs
hrom sa prevalil oceánom ľadovcov
and the flashes of lightning glowed red on the icebergs
a záblesky bleskov žiarili na ľadovcoch červenou farbou
and the icebergs were tossed about by the heaving sea
a ľadovce zmietalo dvíhajúce sa more
the sails of all the ships were trembling with fear
plachty všetkých lodí sa triasli od strachu
and the mermaid sat calmly on the floating iceberg
a morská panna pokojne sedela na plávajúcom ľadovci
and she watched the lightning strike into the sea
a sledovala, ako blesk udiera do mora

All of her five older sisters had grown up now
Všetkých jej päť starších sestier už vyrástlo
therefore they could go to the surface when they pleased
preto mohli ísť na povrch, keď sa im zachcelo
at first they were delighted with the surface world
najprv sa tešili z povrchového sveta

they couldn't get enough of the new and beautiful sights
nevedeli sa nabažiť nových a krásnych pamiatok
but eventually they all grew indifferent towards the upper world
ale nakoniec všetci začali byť ľahostajní voči vyššiemu svetu
and after a month they didn't visit the surface world much at all anymore
a po mesiaci už povrchový svet veľmi nenavštevovali
they told their sister it was much more beautiful at home
povedali sestre, že doma je to oveľa krajšie

Yet often, in the evening hours, they did go up
Napriek tomu často vo večerných hodinách stúpali
the five sisters twined their arms round each other
päť sestier si obmotalo ruky okolo seba
and together, arm in arm, they rose to the surface
a spolu, ruka v ruke, vystúpili na povrch
often they went up when there was a storm approaching
často stúpali, keď sa blížila búrka
they feared that the storm might win a ship
obávali sa, že by búrka mohla vyhrať loď
so they swam to the vessel and sung to the sailors
tak plávali k plavidlu a spievali námorníkom
Their voices were more charming than that of any human
Ich hlasy boli očarujúcejšie ako hlasy ktoréhokoľvek človeka
and they begged the voyagers not to fear if they sank
a prosili cestovateľov, aby sa nebáli, ak sa potopia
because the depths of the sea was full of delights
pretože hlbiny mora boli plné rozkoší
But the sailors could not understand their songs
Ale námorníci nerozumeli ich piesňam
and they thought their singing was the sighing of the storm
a mysleli si, že ich spev je vzdychanie búrky
therefore their songs were never beautiful to the sailors
preto ich piesne neboli pre námorníkov nikdy krásne
because if the ship sank the men would drown

pretože keby sa loď potopila, muži by sa utopili
the dead gained nothing from the palace of the Sea King
mŕtvi nezískali nič z paláca Morského kráľa
but their youngest sister was left at the bottom of the sea
ale ich najmladšia sestra zostala na dne mora
looking up at them, she was ready to cry
pri pohľade na nich bola pripravená plakať
you should know mermaids have no tears that they can cry
mali by ste vedieť, že morské panny nemajú slzy, ktoré by mohli plakať
so her pain and suffering was more acute than ours
takže jej bolesť a utrpenie boli akútnejšie ako naše
"Oh, I wish I was also fifteen years old!" said she
"Ach, kiež by som mal tiež pätnásť rokov!" povedala ona
"I know that I shall love the world up there"
"Viem, že budem milovať svet tam hore"
"and I shall love all the people who live in that world"
"A budem milovať všetkých ľudí, ktorí žijú na tomto svete"

The Little Mermaid's Birthday
Narodeniny Malej morskej víly

but, at last, she too reached her fifteenth birthday
ale napokon aj ona dosiahla svoje pätnáste narodeniny
"Well, now you are grown up," said her grandmother
„No, už si dospelý," povedala jej stará mama
"Come, and let me adorn you like your sisters"
"Poď a nech ťa ozdobím ako tvoje sestry"
And she placed a wreath of white lilies in her hair
A do vlasov si vložila veniec z bielych ľalií
every petal of the lilies was half a pearl
každý okvetný lístok ľalie bol polovicou perly
Then, the old lady ordered eight great oysters to come
Potom stará pani prikázala, aby prišlo osem veľkých ustríc
the oysters attached themselves to the tail of the princess
ustrice sa pripevnili na chvost princeznej
under the sea oysters are used to show your rank
podmorské ustrice sa používajú na preukázanie vašej hodnosti
"But the oysters hurt me so," said the little mermaid
"Ale ustrice ma tak boleli," povedala malá morská víla
"Yes, I know oysters hurt," replied the old lady
„Áno, viem, že ustrice bolia," odpovedala stará pani
"but you know very well that pride must suffer pain"
"Ale vieš veľmi dobre, že pýcha musí trpieť bolesťou"
how gladly she would have shaken off all this grandeur
ako rada by sa striasla zo všetkej tejto vznešenosti
she would have loved to lay aside the heavy wreath!
bola by rada odložila ťažký veniec!
she thought of the red flowers in her own garden
myslela na červené kvety vo vlastnej záhrade
the red flowers would have suited her much better
červené kvety by jej pristali oveľa viac
But she could not change herself into something else
Ale nedokázala sa zmeniť na niečo iné

so she said farewell to her grandmother and sisters
tak sa rozlúčila s babkou a sestrami
and, as lightly as a bubble, she rose to the surface
a ľahko ako bublina vystúpila na povrch

The sun had just set when she raised her head above the waves
Slnko práve zapadlo, keď zdvihla hlavu nad vlny
The clouds were tinted with crimson and gold from the sunset
Mraky boli od západu slnka sfarbené do karmínovej a zlatej farby
and through the glimmering twilight beamed the evening star
a cez trblietavý súmrak vyžarovala večerná hviezda
The sea was calm, and the sea air was mild and fresh
More bolo pokojné a morský vzduch mierny a svieži
A large ship with three masts lay lay calmly on the water
Na vode pokojne ležala veľká loď s tromi sťažňami
only one sail was set, for not a breeze stirred
bola natiahnutá len jedna plachta, lebo sa nepohol ani vánok
and the sailors sat idle on deck, or amidst the rigging
a námorníci nečinne sedeli na palube alebo uprostred takeláže
There was music and songs on board of the ship
Na palube lode znela hudba a piesne
as darkness came a hundred colored lanterns were lighted
keď prišla tma, rozsvietilo sa sto farebných lampiónov
it was as if the flags of all nations waved in the air
akoby sa vo vzduchu vlnili zástavy všetkých národov

The little mermaid swam close to the cabin windows
Malá morská víla plávala blízko okien kabíny
now and then the waves of the sea lifted her up
občas ju zdvihli morské vlny
she could look in through the glass window-panes
mohla nahliadnuť dovnútra cez sklenené okenné tabule

and she could see a number of curiously dressed people
a videla množstvo zvedavo oblečených ľudí
Among the people she could see there was a young prince
Medzi ľuďmi, ktorých videla, bol mladý princ
the prince was the most beautiful of them all
princ bol zo všetkých najkrajší
she had never seen anyone with such beautiful eyes
ešte nevidela nikoho s takými krásnymi očami
it was the celebration of his sixteenth birthday
bola to oslava jeho šestnástich narodenín
The sailors were dancing on the deck of the ship
Námorníci tancovali na palube lode
all cheered when the prince came out of the cabin
všetci jasali, keď princ vyšiel z kabíny
and more than a hundred rockets rose into the air
a do vzduchu sa vznieslo viac ako sto rakiet
for some time the fireworks made the sky as bright as day
na nejaký čas ohňostroje rozžiarili oblohu ako deň
of course our young mermaid had never seen fireworks before
samozrejme, že naša mladá morská panna nikdy predtým nevidela ohňostroj
startled by all the noise, she went back under the water
zaskočená všetkým tým hlukom sa vrátila pod vodu
but soon she again stretched out her head
ale onedlho znovu natiahla hlavu
it was as if all the stars of heaven were falling around her
bolo to, akoby okolo nej padali všetky nebeské hviezdy
splendid fireflies flew up into the blue air
nádherné svetlušky vyleteli do modrého vzduchu
and everything was reflected in the clear, calm sea
a všetko sa odrážalo v čistom, pokojnom mori
The ship itself was brightly illuminated by all the light
Samotná loď bola jasne osvetlená všetkým svetlom
she could see all the people and even the smallest rope
videla všetkých ľudí a aj to najmenšie lano

How handsome the young prince looked thanking his guests!
Ako krásne vyzeral mladý princ, keď ďakoval svojim hosťom!
and the music resounded through the clear night air!
a hudba sa ozývala čistým nočným vzduchom!

the birthday celebrations lasted late into the night
narodeninové oslavy trvali dlho do noci
but the little mermaid could not take her eyes from the ship
ale malá morská víla nemohla odtrhnúť oči od lode
nor could she take her eyes from the beautiful prince
ani nemohla odtrhnúť oči od krásneho princa
The colored lanterns had now been extinguished
Farebné lampáše boli teraz zhasnuté
and there were no more rockets that rose into the air
a do vzduchu už nevyleteli žiadne rakety
the cannon of the ship had also ceased firing
delo lode tiež prestalo strieľať
but now it was the sea that became restless
ale teraz to bolo more, ktoré sa stalo nepokojným
a moaning, grumbling sound could be heard beneath the waves
pod vlnami bolo počuť stonanie, bručanie
and yet, the little mermaid remained by the cabin window
a predsa, malá morská víla zostala pri okne kabíny
she was rocking up and down on the water
kolísala sa hore-dole na vode
so that she could keep looking into the ship
aby sa mohla ďalej pozerať do lode
After a while the sails were quickly set
Po chvíli boli plachty rýchlo nastavené
and the ship went on her way back to port
a loď išla na cestu späť do prístavu

But soon the waves rose higher and higher
Ale čoskoro vlny stúpali vyššie a vyššie

dark, heavy clouds darkened the night sky
tmavé, ťažké mraky zatemnili nočnú oblohu
and there appeared flashes of lightning in the distance
a v diaľke sa objavili blesky
not far away a dreadful storm was approaching
neďaleko sa blížila strašná búrka
Once more the sails were lowered against the wind
Plachty boli opäť stiahnuté proti vetru
and the great ship pursued her course over the raging sea
a veľká loď prenasledovala svoj kurz ponad rozbúrené more
The waves rose as high as the mountains
Vlny stúpali vysoko ako hory
one would have thought the waves were going to have the ship
človek by si myslel, že vlny budú mať loď
but the ship dived like a swan between the waves
ale loď sa ponorila ako labuť medzi vlny
then she rose again on their lofty, foaming crests
potom sa opäť zdvihla na ich vznešené, penivé hrebene
To the little mermaid this was pleasant to watch
Pre malú morskú vílu bolo príjemné to sledovať
but it was not pleasant for the sailors
ale pre námorníkov to nebolo príjemné
the ship made awful groaning and creaking sounds
loď vydávala strašné stonanie a škrípanie
and the waves broke over the deck of the ship again and again
a vlny sa znova a znova lámali cez palubu lode
the thick planks gave way under the lashing of the sea
hrubé dosky povolili pod bičovaním mora
under the pressure the mainmast snapped asunder, like a reed
pod tlakom sa hlavný sťažeň zlomil ako trstina
and, as the ship lay over on her side, the water rushed in
a keď loď ležala na jej boku, voda sa nahrnula dovnútra

The little mermaid realized that the crew were in danger
Malá morská víla si uvedomila, že posádka je v nebezpečenstve
her own situation wasn't without danger either
jej vlastná situácia tiež nebola bez nebezpečenstva
she had to avoid the beams and planks scattered in the water
musela sa vyhýbať trámom a doskám rozhádzaným vo vode
for a moment everything turned into complete darkness
na chvíľu sa všetko zmenilo na úplnú tmu
and the little mermaid could not see where she was
a malá morská víla nevidela, kde je
but then a flash of lightning revealed the whole scene
ale potom záblesk blesku odhalil celú scénu
she could see everyone was still on board of the ship
videla, že všetci sú stále na palube lode
well, everyone was on board of the ship, except the prince
no, všetci boli na palube lode, okrem princa
the ship continued on its path to the land
loď pokračovala v ceste k pevnine
and she saw the prince sink into the deep waves
a videla, ako sa princ ponoril do hlbokých vĺn
for a moment this made her happier than it should have
na chvíľu ju to urobilo šťastnejšou, než by mala
now that he was in the sea she could be with him
teraz, keď bol v mori, mohla byť s ním
Then she remembered the limits of human beings
Potom si spomenula na hranice ľudských bytostí
the people of the land cannot live in the water
ľudia na zemi nemôžu žiť vo vode
if he got to the palace he would already be dead
keby sa dostal do paláca, už by bol mŕtvy
"No, he must not die!" she decided
"Nie, nesmie zomrieť!" rozhodla sa
she forget any concern for her own safety
zabudla na akékoľvek obavy o vlastnú bezpečnosť
and she swam through the beams and planks

a preplávala cez trámy a dosky
two beams could easily crush her to pieces
dva trámy by ju mohli ľahko rozdrviť na kusy
she dove deep under the dark waters
ponorila sa hlboko pod tmavé vody
everything rose and fell with the waves
všetko stúpalo a padalo s vlnami
finally, she managed to reach the young prince
konečne sa jej podarilo dostať k mladému princovi
he was fast losing the power to swim in the stormy sea
rýchlo strácal silu plávať v rozbúrenom mori
His limbs were starting to fail him
Začínali mu zlyhávať končatiny
and his beautiful eyes were closed
a jeho krásne oči boli zatvorené
he would have died had the little mermaid not come
bol by zomrel, keby neprišla malá morská víla
She held his head above the water
Držala mu hlavu nad vodou
and she let the waves carry them where they wanted
a nechala vlny, aby ich niesli, kam chceli

In the morning the storm had ceased
Ráno búrka ustala
but of the ship not a single fragment could be seen
ale z lode nebolo vidieť ani jeden úlomok
The sun came up, red and shining, out of the water
Slnko vyšlo, červené a svietilo, z vody
the sun's beams had a healing effect on the prince
slnečné lúče mali na princa liečivý účinok
the hue of health returned to the prince's cheeks
na princove líca sa vrátil odtieň zdravia
but despite the sun, his eyes remained closed
no napriek slnku zostali jeho oči zatvorené
The mermaid kissed his high, smooth forehead
Morská panna ho pobozkala na vysoké hladké čelo

and she stroked back his wet hair
a pohladila ho po mokrých vlasoch
He seemed to her like the marble statue in her garden
Pripadal jej ako mramorová socha v jej záhrade
so she kissed him again, and wished that he lived
tak ho znova pobozkala a priala si, aby žil

Presently, they came in sight of land
Teraz prišli na dohľad pevniny
and she saw lofty blue mountains on the horizon
a na obzore uvidela vznešené modré hory
on top of the mountains the white snow rested
na vrchoch hôr odpočíval biely sneh
as if a flock of swans were lying upon the mountains
ako keby na horách ležalo kŕdeľ labutí
Beautiful green forests were near the shore
Pri brehu boli krásne zelené lesy
and close by there stood a large building
a neďaleko stála veľká budova
it could have been a church or a convent
mohol to byť kostol alebo kláštor
but she was still too far away to be sure
ale stále bola príliš ďaleko, aby si bola istá
Orange and citron trees grew in the garden
V záhrade rástli pomarančovníky a citrónovníky
and before the door stood lofty palms
a pred dverami stáli vznešené dlane
The sea here formed a little bay
More tu tvorilo malý záliv
in the bay the water lay quiet and still
v zátoke ležala voda tichá a tichá
but although the water was still, it was very deep
ale hoci bola voda tichá, bola veľmi hlboká
She swam with the handsome prince to the beach
S pekným princom priplávala na pláž
the beach was covered with fine white sand

pláž bola pokrytá jemným bielym pieskom
and on the sand she laid him in the warm sunshine
a na piesku ho položila na teplé slniečko
she took care to raise his head higher than his body
dala si záležať, aby mu zdvihla hlavu vyššie ako telo
Then bells sounded from the large white building
Potom sa z veľkej bielej budovy ozvali zvony
some young girls came into the garden
do záhrady prišli nejaké mladé dievčatá
The little mermaid swam out farther from the shore
Malá morská víla plávala ďalej od brehu
she hid herself among some high rocks in the water
schovala sa medzi vysoké skaly vo vode
she covered her head and neck with the foam of the sea
zakryla si hlavu a krk penou mora
and she watched to see what would become of the poor prince
a pozerala sa, čo sa stane s úbohým princom

It was not long before she saw a young girl approach
Netrvalo dlho a uvidela prichádzať mladé dievča
the young girl seemed frightened, at first
mladé dievča sa spočiatku zdalo vystrašené
but her fear only lasted for a moment
ale jej strach trval len chvíľu
then she brought over a number of people
potom priviedla niekoľko ľudí
and the mermaid saw that the prince came to life again
a morská panna videla, že princ opäť ožil
he smiled upon those who stood around him
usmial sa na tých, ktorí stáli okolo neho
But to the little mermaid the prince sent no smile
Ale malej morskej víle princ neposlal úsmev
he knew not that it was her who had saved him
nevedel, že to bola ona, kto ho zachránil
This made the little mermaid very sorrowful

To malú morskú vílu veľmi zarmútilo
and then he was led away into the great building
a potom ho odviedli do veľkej budovy
and the little mermaid dived down into the water
a malá morská víla sa ponorila do vody
and she returned to her father's castle
a vrátila sa do otcovho zámku

The Little Mermaid Longs for the Upper World
Malá morská víla túži po hornom svete

She had always been the most silent and thoughtful of the sisters
Vždy bola zo sestier najtichšia a najnamyslenejšia
and now she was more silent and thoughtful than ever
a teraz bola tichšia a zamyslenejšia ako kedykoľvek predtým
Her sisters asked her what she had seen on her first visit
Sestry sa jej pýtali, čo videla pri svojej prvej návšteve
but she could tell them nothing of what she had seen
ale nemohla im povedať nič z toho, čo videla
Many an evening and morning she returned to the surface
Mnoho večer a ráno sa vrátila na povrch
and she went to the place where she had left the prince
a išla na miesto, kde nechala princa
She saw the fruits in the garden ripen
Videla dozrievať ovocie v záhrade
and she watched the fruits gathered from their trees
a pozerala sa na ovocie zbierané z ich stromov
she watched the snow on the mountain tops melt away
sledovala, ako sa sneh na vrcholkoch hôr topí
but on none of her visits did she see the prince again
ale pri žiadnej zo svojich návštev už princa nevidela
and therefore she always returned more sorrowful than when she left
a preto sa vždy vrátila smutnejšia, ako keď odchádzala

her only comfort was sitting in her own little garden
jej jedinou útechou bolo sedenie vo vlastnej malej záhradke
she flung her arms around the beautiful marble statue
objala nádhernú mramorovú sochu
the statue which looked just like the prince
socha, ktorá vyzerala ako princ
She had given up tending to her flowers
Prestala sa starať o svoje kvety

and her garden grew in wild confusion
a jej záhrada rástla v divokom zmätku
they twinied the long leaves and stems of the flowers
around the trees
obviazali dlhé listy a stonky kvetov okolo stromov
so that the whole garden became dark and gloomy
takže celá záhrada bola tmavá a ponurá

eventually she could bear the pain no longer
nakoniec už nedokázala znášať bolesť
and she told one of her sisters all that had happened
a povedala jednej zo svojich sestier všetko, čo sa stalo
soon the other sisters heard the secret
čoskoro ostatné sestry počuli tajomstvo
and very soon her secret became known to several maids
a veľmi skoro sa o jej tajomstve dozvedelo niekoľko slúžok
one of the maids had a friend who knew about the prince
jedna zo slúžok mala priateľa, ktorý vedel o princovi
She had also seen the festival on board the ship
Festival videla aj na palube lode
and she told them where the prince came from
a povedala im, odkiaľ princ pochádza
and she told them where his palace stood
a povedala im, kde stál jeho palác

"Come, little sister," said the other princesses
„Poď, sestrička," povedali ostatné princezné
they entwined their arms and rose up together
preplietli si ruky a spolu vstali
they went near to where the prince's palace stood
prístúpili k miestu, kde stál princov palác
the palace was built of bright-yellow, shining stone
palác bol postavený zo svetložltého, lesklého kameňa
and the palace had long flights of marble steps
a palác mal dlhé mramorové schody
one of the flights of steps reached down to the sea

jeden zo schodov siahal až k moru
Splendid gilded cupolas rose over the roof
Nad strechou sa týčili nádherné pozlátené kupole
the whole building was surrounded by pillars
celá budova bola obohnaná stĺpmi
and between the pillars stood lifelike statues of marble
a medzi stĺpmi stáli sochy z mramoru ako živé
they could see through the clear crystal of the windows
cez priezračný krištáľ okien videli
and they could look into the noble rooms
a mohli nahliadnuť do vznešených izieb
costly silk curtains and tapestries hung from the ceiling
zo stropu viseli drahé hodvábne závesy a tapisérie
and the walls were covered with beautiful paintings
a steny boli pokryté krásnymi maľbami
In the centre of the largest salon was a fountain
V strede najväčšieho salónu bola fontána
the fountain threw its sparkling jets high up
fontána vrhala svoje šumivé trysky vysoko do výšky
the water splashed onto the glass cupola of the ceiling
voda striekala na sklenenú kupolu stropu
and the sun shone in through the water
a cez vodu svietilo slnko
and the water splashed on the plants around the fountain
a voda striekala na rastliny okolo fontány

Now the little mermaid knew where the prince lived
Teraz malá morská víla vedela, kde býva princ
so she spent many a night in those waters
tak v tých vodách strávila nejednu noc
she got more courageous than her sisters had been
bola odvážnejšia ako jej sestry
and she swam much nearer the shore than they had
a plávala oveľa bližšie k brehu ako oni
once she went up the narrow channel, under the marble balcony

raz vyšla úzkym kanálom pod mramorový balkón
the balcony threw a broad shadow on the water
balkón vrhal na vodu široký tieň
Here she sat and watched the young prince
Tu sedela a pozorovala mladého princa
he, of course, thought he was alone in the bright moonlight
samozrejme si myslel, že je sám v jasnom mesačnom svite

She often saw him in the evenings, sailing in a beautiful boat
Často ho po večeroch vídala, ako sa plaví na nádhernej lodi
music sounded from the boat and the flags waved
z člna znela hudba a vlajky mávali
She peeped out from among the green rushes
Vykukla spomedzi zelených porastov
at times the wind caught her long silvery-white veil
občas vietor zachytil jej dlhý striebristo biely závoj
those who saw her veil believed it to be a swan
tí, ktorí videli jej závoj, verili, že je to labuť
her veil had all the appearance of a swan spreading its wings
jej závoj vyzeral ako labuť rozprestierajúca svoje krídla

Many a night, too, she watched the fishermen set their nets
Aj ona veľa noci sledovala rybárov, ako nastražili siete
they cast their nets in the light of their torches
vrhajú siete vo svetle svojich fakieľ
and she heard them tell many good things about the prince
a počula ich rozprávať veľa dobrých vecí o princovi
this made her glad that she had saved his life
to ju potešilo, že mu zachránila život
when he was tossed around half dead on the waves
keď bol polomŕtvy zmietaný na vlnách
She remembered how his head had rested on her bosom
Spomenula si, ako jeho hlava spočívala na jej lone
and she remembered how heartily she had kissed him
a spomenula si, ako srdečne ho pobozkala

but he knew nothing of all that had happened
ale nevedel nič o všetkom, čo sa stalo
the young prince could not even dream of the little mermaid
mladý princ nemohol o malej morskej víle ani snívať

She grew to like human beings more and more
Stále viac sa jej páčili ľudské bytosti
she wished more and more to be able to wander their world
stále viac si priala, aby mohla blúdiť ich svetom
their world seemed to be so much larger than her own
ich svet sa zdal byť oveľa väčší ako jej vlastný
They could fly over the sea in ships
Mohli lietať nad morom na lodiach
and they could mount the high hills far above the clouds
a mohli sa vyšplhať na vysoké kopce vysoko nad oblaky
in their lands they possessed woods and fields
vo svojich krajinách vlastnili lesy a polia
the greenery stretched beyond the reach of her sight
zeleň sa rozprestierala mimo jej dohľadu
There was so much that she wished to know!
Bolo toho toľko, čo chcela vedieť!
but her sisters were unable to answer all her questions
ale jej sestry nedokázali odpovedať na všetky jej otázky
She then went to her old grandmother for answers
Potom išla k starej babičke po odpovede
her grandmother knew all about the upper world
jej stará mama vedela všetko o hornom svete
she rightly called this world "the lands above the sea"
správne nazvala tento svet "krajiny nad morom"

"If human beings are not drowned, can they live forever?"
"Ak sa ľudské bytosti neutopia, môžu žiť večne?"
"Do they never die, as we do here in the sea?"
"Nikdy nezomrú, ako my tu v mori?"
"Yes, they die too," replied the old lady
„Áno, aj oni zomierajú," odpovedala stará pani

"like us, they must also die," added her grandmother
„ako my, aj oni musia zomrieť," dodala babička
"and their lives are even shorter than ours"
"a ich život je ešte kratší ako náš"
"We sometimes live for three hundred years"
"Niekedy žijeme aj tristo rokov"
"but when we cease to exist here we become foam"
"ale keď tu prestaneme existovať, staneme sa penou"
"and we float on the surface of the water"
"a plávame na hladine vody"
"we do not have graves for those we love"
"Nemáme hroby pre tých, ktorých milujeme"
"and we have not immortal souls"
"a nemáme nesmrteľné duše"
"after we die we shall never live again"
"keď zomrieme, už nikdy nebudeme žiť"
"like the green seaweed, once it has been cut off"
"ako zelená morská riasa, keď už bola odrezaná"
"after we die, we can never flourish again"
"Keď zomrieme, už nikdy nemôžeme prekvitať"
"Human beings, on the contrary, have souls"
"Ľudské bytosti, naopak, majú duše"
"even after they're dead their souls live forever"
"aj keď sú mŕtvi, ich duše žijú večne"
"when we die our bodies turn to foam"
"keď zomrieme, naše telo sa zmení na penu"
"when they die their bodies turn to dust"
"keď zomrú, ich telá sa premenia na prach"
"when we die we rise through the clear, blue water"
"keď zomrieme, vstaneme cez čistú, modrú vodu"
"when they die they rise up through the clear, pure air"
"keď zomrú, vstanú cez čistý, čistý vzduch"
"when we die we float no further than the surface"
"keď zomrieme, nevznášame sa ďalej ako na povrch"
"but when they die they go beyond the glittering stars"
"ale keď zomrú, idú za trblietavé hviezdy"

"we rise out of the water to the surface"
"vystupujeme z vody na povrch"
"and we behold all the land of the earth"
"a vidíme celú zem zeme"
"they rise to unknown and glorious regions"
"vychádzajú do neznámych a slávnych oblastí"
"glorious and unknown regions which we shall never see"
"slávne a neznáme oblasti, ktoré nikdy neuvidíme"
the little mermaid mourned her lack of a soul
malá morská víla oplakávala nedostatok duše
"Why have not we immortal souls?" asked the little mermaid
"Prečo nemáme nesmrteľné duše?" spýtala sa malá morská víla
"I would gladly give all the hundreds of years that I have"
"Rád by som dal všetky tie stovky rokov, ktoré mám"
"I would trade it all to be a human being for one day"
"Vymenil by som to všetko za to, aby som bol na jeden deň ľudskou bytosťou"
"I can not imagine the hope of knowing such happiness"
"Neviem si predstaviť nádej poznať také šťastie"
"the happiness of that glorious world above the stars"
"šťastie toho slávneho sveta nad hviezdami"
"You must not think that way," said the old woman
„Nesmieš takto rozmýšľať," povedala stará žena
"We believe that we are much happier than the humans"
"Veríme, že sme oveľa šťastnejší ako ľudia"
"and we believe we are much better off than human beings"
"a veríme, že sa máme oveľa lepšie ako ľudské bytosti"

"So I shall die," said the little mermaid
"Takže zomriem," povedala malá morská víla
"being the foam of the sea, I shall be washed about"
"Keďže som penou mora, budem umytý"
"never again will I hear the music of the waves"
"už nikdy nebudem počuť hudbu vĺn"
"never again will I see the pretty flowers"

"už nikdy neuvidím tie krásne kvety"
"nor will I ever again see the red sun"
"Ani už nikdy neuvidím červené slnko"
"Is there anything I can do to win an immortal soul?"
"Je niečo, čo môžem urobiť, aby som získal nesmrteľnú dušu?"
"No," said the old woman, "unless..."
"Nie," povedala stará žena, "pokiaľ..."
"there is just one way to gain a soul"
"je len jeden spôsob, ako získať dušu"
"a man has to love you more than he loves his father and mother"
"Muž ťa musí milovať viac ako svojho otca a matku"
"all his thoughts and love must be fixed upon you"
"všetky jeho myšlienky a láska musia byť upreté na teba"
"he has to promise to be true to you here and hereafter"
"Musí sľúbiť, že ti bude verný tu a potom"
"the priest has to place his right hand in yours"
"kňaz musí vložiť svoju pravú ruku do tvojej"
"then your man's soul would glide into your body"
"potom by duša tvojho muža vkĺzla do tvojho tela"
"you would get a share in the future happiness of mankind"
"dostanete podiel na budúcom šťastí ľudstva"
"He would give to you a soul and retain his own as well"
"Dal by ti dušu a ponechal by si aj svoju."
"but it is impossible for this to ever happen"
"ale je nemožné, aby sa to niekedy stalo"
"Your fish's tail, among us, is considered beautiful"
"Váš rybí chvost je medzi nami považovaný za krásny."
"but on earth your fish's tail is considered ugly"
"ale na zemi je tvoj rybí chvost považovaný za škaredý"
"The humans do not know any better"
"Ľudia nepoznajú nič lepšie"
"their standard of beauty is having two stout props"
"ich štandardom krásy sú dve silné rekvizity"
"these two stout props they call their legs"
"tieto dve statné rekvizity, ktorým hovoria nohy"

The little mermaid sighed at what appeared to be her destiny
Malá morská víla si povzdychla nad tým, čo sa zdalo byť jej osudom
and she looked sorrowfully at her fish's tail
a smutne pozrela na svoj rybí chvost
"Let us be happy with what we have," said the old lady
„Buďme spokojní s tým, čo máme," povedala stará pani
"let us dart and spring about for the three hundred years"
"Poďme sa vrhnúť a skákať okolo tristo rokov"
"and three hundred years really is quite long enough"
"a tristo rokov je naozaj dosť dlho"
"After that we can rest ourselves all the better"
"Potom si môžeme oddýchnuť o to lepšie"
"This evening we are going to have a court ball"
"Dnes večer budeme mať súdny ples"

It was one of those splendid sights we can never see on earth
Bol to jeden z tých nádherných pohľadov, ktoré na Zemi nikdy neuvidíme
the court ball took place in a large ballroom
dvorný ples sa konal vo veľkej tanečnej sále
The walls and the ceiling were of thick transparent crystal
Steny a strop boli z hrubého priehľadného krištáľu
Many hundreds of colossal sea shells stood in rows on each side
Na každej strane stálo v radoch mnoho stoviek obrovských morských mušlí
some of the sea shells were deep red, others were grass green
niektoré morské mušle boli sýto červené, iné trávovo zelené
and each of the sea shells had a blue fire in it
a každá z morských mušlí mala v sebe modrý oheň
These fires lighted up the whole salon and the dancers
Tieto ohne rozžiarili celý salón a tanečníkov
and the sea shells shone out through the walls
a cez steny presvitali mušle

so that the sea was also illuminated by their light
takže ich svetlom bolo osvetlené aj more
Innumerable fishes, great and small, swam past
Okolo preplávalo nespočetné množstvo rýb, veľkých i malých
some of the fishes scales glowed with a purple brilliance
niektoré rybie šupiny žiarili purpurovým leskom
and other fishes shone like silver and gold
a iné ryby sa leskli ako striebro a zlato
Through the halls flowed a broad stream
Cez chodby tiekol široký potok
and in the stream danced the mermen and the mermaids
a v potoku tancovali morskí muži a morské panny
they danced to the music of their own sweet singing
tancovali na hudbu vlastného sladkého spevu

No one on earth has such lovely voices as they
Nikto na svete nemá také krásne hlasy ako oni
but the little mermaid sang more sweetly than all
ale malá morská víla spievala sladšie ako všetci
The whole court applauded her with hands and tails
Celý súd jej tlieskal rukami a chvostmi
and for a moment her heart felt quite happy
a jej srdce bolo na chvíľu celkom šťastné
because she knew she had the sweetest voice in the sea
pretože vedela, že má ten najsladší hlas v mori
and she knew she had the sweetest voice on land
a vedela, že má ten najsladší hlas na zemi
But soon she thought again of the world above her
Čoskoro však opäť myslela na svet nad ňou
she could not forget the charming prince
nemohla zabudnúť na očarujúceho princa
it reminded her that he had an immortal soul
pripomenulo jej to, že má nesmrteľnú dušu
and she could not forget that she had no immortal soul
a nemohla zabudnúť, že nemá nesmrteľnú dušu
She crept away silently out of her father's palace

Potichu sa vykradla z otcovho paláca
everything within was full of gladness and song
všetko vo vnútri bolo plné radosti a spevu
but she sat in her own little garden, sorrowful and alone
ale ona sedela vo svojej malej záhrade, smutná a sama
Then she heard the bugle sounding through the water
Potom začula zvuk polnice cez vodu
and she thought, "He is certainly sailing above"
a pomyslela si: "Určite sa plaví hore"
"he, the beautiful prince, in whom my wishes centre"
"on, krásny princ, v ktorom sa sústreďujú moje priania"
"he, in whose hands I should like to place my happiness"
"on, do ktorého rúk by som rád vložil svoje šťastie"
"I will venture all for him to win an immortal soul"
"Urobím všetko pre neho, aby získal nesmrteľnú dušu"
"my sisters are dancing in my father's palace"
"Moje sestry tancujú v paláci môjho otca"
"but I will go to the sea witch"
"Ale ja pôjdem k morskej čarodejnici"
"the sea witch of whom I have always been so afraid"
"morská čarodejnica, ktorej som sa vždy tak bál"
"but the sea witch can give me counsel, and help"
"ale morská čarodejnica mi môže poradiť a pomôcť"

The Sea Witch
Morská čarodejnica

Then the little mermaid went out from her garden
Potom malá morská víla vyšla zo svojej záhrady
and she took the path to the foaming whirlpools
a vybrala sa cestou k peniacim sa vírom
behind the foaming whirlpools the sorceress lived
za spenenými vírmi žila veštkyňa
the little mermaid had never gone that way before
malá morská víla nikdy predtým nešla takouto cestou
Neither flowers nor grass grew where she was going
Kam išla, nerástli kvety ani tráva
there was nothing but bare, gray, sandy ground
nebolo tam nič, len holá, sivá, piesočnatá zem
this barren land stretched out to the whirlpool
táto neplodná zem sa rozprestierala až po vírivku
the water was like foaming mill wheels
voda bola ako spenené mlynské kolesá
and the whirlpools seized everything that came within reach
a vírivky sa zmocnili všetkého, čo bolo na dosah
the whirlpools cast their prey into the fathomless deep
víry vrhajú svoju korisť do hlbokej hlbiny
Through these crushing whirlpools she had to pass
Cez tieto zdrvujúce víry musela prejsť
only then could she reach the dominions of the sea witch
až potom mohla dosiahnuť panstvo morskej čarodejnice
after this came a stretch of warm, bubbling mire
potom prišiel úsek teplého, bublajúceho bahna
the sea witch called the bubbling mire her turf moor
morská čarodejnica nazvala bublajúce bahnisko svojim rašelinovým vresoviskom

Beyond her turf moor was the witch's house
Za jej trávnikom bol dom čarodejnice
her house stood in the centre of a strange forest

jej dom stál uprostred zvláštneho lesa
in this forest all the trees and flowers were polypi
v tomto lese boli všetky stromy a kvety polypi
but they were only half plant; the other half was animal
ale boli len napoly rastlinné; druhá polovica bola zvieracia
They looked like serpents with a hundred heads
Vyzerali ako hady so sto hlavami
and each serpent was growing out of the ground
a každý had rástol zo zeme
Their branches were long, slimy arms
Ich konáre boli dlhé, slizké ruky
and they had fingers like flexible worms
a mali prsty ako ohybné červy
each of their limbs, from the root to the top, moved
každá ich končatina, od koreňa po vrch, sa pohybovala
All that could be reached in the sea they seized upon
Všetko, čo sa dalo dosiahnuť v mori, sa zmocnili
and what they caught they held on tightly to
a čoho sa chytili, toho sa pevne držali
so that what they caught never escaped from their clutches
aby to, čo chytili, nikdy neuniklo z ich pazúrov

The little mermaid was alarmed at what she saw
Malá morská víla bola znepokojená tým, čo videla
she stood still and her heart beat with fear
stála na mieste a srdce jej bilo od strachu
She came very close to turning back
Bola veľmi blízko k návratu späť
but she thought of the beautiful prince
ale myslela na krásneho princa
and she thought of the human soul for which she longed
a myslela na ľudskú dušu, po ktorej túžila
with these thoughts her courage returned
s týmito myšlienkami sa jej vrátila odvaha
She fastened her long, flowing hair round her head
Dlhé, rozpustené vlasy si upevnila okolo hlavy

so that the polypi could not grab hold of her hair
aby ju polypi nemohol chytiť za vlasy
and she crossed her hands across her bosom
a prekrížila si ruky na prsiach
and then she darted forward like a fish through the water
a potom vyrazila vpred ako ryba cez vodu
between the subtle arms and fingers of the ugly polypi
medzi subtílnymi ramenami a prstami škaredých polypov
the polypi were stretched out on each side of her
polypi boli roztiahnuté na každej jej strane
She saw that they all held something in their grasp
Videla, že všetci niečo držia v rukách
something they had seized with their numerous little arms
niečoho, čoho sa zmocnili svojimi početnými ručičkami
they were holding white skeletons of human beings
držali biele kostry ľudských bytostí
sailors who had perished at sea in storms
námorníci, ktorí zahynuli na mori v búrkach
sailors who had sunk down into the deep waters
námorníkov, ktorí sa potopili do hlbokých vôd
and there were skeletons of land animals
a boli tam kostry suchozemských zvierat
and there were oars, rudders, and chests of ships
a boli tam veslá, kormidlá a truhlice lodí
There was even a little mermaid whom they had caught
Bola tam dokonca aj malá morská víla, ktorú chytili
the poor mermaid must have been strangled by the hands
úbohú morskú pannu museli udusiť rukami
to her this seemed the most shocking of all
zdalo sa jej to najšokujúcejšie zo všetkých

finally, she came to a space of marshy ground in the woods
nakoniec prišla do priestoru močaristej pôdy v lese
here there were large fat water snakes rolling in the mire
tu sa v bahne váľali veľké tučné vodné hady
the snakes showed their ugly, drab-colored bodies

hady ukázali svoje škaredé, fádne sfarbené telá
In the midst of this spot stood a house
Uprostred tohto miesta stál dom
the house was built of the bones of shipwrecked human beings
dom bol postavený z kostí stroskotancov
and in the house sat the sea witch
a v dome sedela morská čarodejnica
she was allowing a toad to eat from her mouth
nechávala jesť ropuchu z úst
just like when people feed a canary with pieces of sugar
presne ako keď ľudia kŕmia kanárika kúskami cukru
She called the ugly water snakes her little chickens
Škaredé vodné hady volala svoje malé kuriatka
and she allowed her little chickens to crawl all over her
a dovolila svojim malým kuriatkam, aby po nej liezli

"I know what you want," said the sea witch
"Viem, čo chceš," povedala morská čarodejnica
"It is very stupid of you to want such a thing"
"Je od teba veľmi hlúpe, že niečo také chceš"
"but you shall have your way, however stupid it is"
"ale budeš mať svoj spôsob, nech je to akokoľvek hlúpe"
"though your wish will bring you to sorrow, my pretty princess"
"Aj keď ťa tvoje želanie privedie k smútku, moja krásna princezná"
"You want to get rid of your mermaid's tail"
"Chceš sa zbaviť chvosta svojej morskej panny"
"and you want to have two stumps instead"
"a ty chceš mať namiesto toho dva pahýle"
"this will make you like the human beings on earth"
"Takto sa vám budú páčiť ľudské bytosti na Zemi"
"and then the young prince might fall in love with you"
"a potom sa do teba môže mladý princ zaľúbiť"
"and then you might have an immortal soul"

"a potom môžeš mať nesmrteľnú dušu"
the witch laughed loud and disgustingly
zasmiala sa bosorka nahlas a nechutne
the toad and the snakes fell to the ground
ropucha a hady spadli na zem
and they lay there wriggling on the floor
a ležali tam a krútili sa na podlahe
"You came to me just in time," said the witch
"Prišiel si ku mne práve včas," povedala čarodejnica
"after sunrise tomorrow it would have been too late"
"zajtra po východe slnka by už bolo neskoro"
"after tomorrow I would not have been able to help you till the end of another year"
"Po zajtrajšku by som ti nebol schopný pomôcť do konca ďalšieho roka"
"I will prepare a potion for you"
"Pripravím ti elixír"
"swim up to the land tomorrow, before sunrise"
"zajtra pred východom slnka zaplávať na pevninu"
"seat yourself there and drink the potion"
"Posaďte sa tam a vypite elixír"
"after you drink the potion your tail will disappear"
"Keď vypiješ elixír, tvoj chvost zmizne"
"and then you will have what men call legs"
"a potom budeš mať to, čomu muži hovoria nohy"

"all will say you are the prettiest girl in the world"
"Všetci povedia, že si najkrajšie dievča na svete"
"but for this you will have to endure great pain"
"ale na to budeš musieť vydržať veľkú bolesť"
"it will be as if a sword were passing through you"
"Bude to, ako keby cez teba prechádzal meč"
"You will still have the same gracefulness of movement"
"Stále budete mať rovnakú ladnosť pohybu"
"it will be as if you are floating over the ground"
"bude to ako keby si sa vznášal nad zemou"

"and no dancer will ever tread as lightly as you"
"a žiadny tanečník nebude nikdy šliapať tak ľahko ako ty"
"but every step you take will cause you great pain"
"ale každý krok, ktorý urobíš ti spôsobí veľkú bolesť"
"it will be as if you were treading upon sharp knives"
"Bude to, ako keby ste šliapali po ostrých nožoch"
"If you bear all this suffering, I will help you"
"Ak znesieš všetko toto utrpenie, pomôžem ti"
the little mermaid thought of the prince
malá morská víla myslela na princa
and she thought of the happiness of an immortal soul
a myslela na šťastie nesmrteľnej duše
"Yes, I will," said the little princess
"Áno, budem," povedala malá princezná
but, as you can imagine, her voice trembled with fear
ale ako si viete predstaviť, hlas sa jej triasol strachom

"do not rush into this," said the witch
"Neponáhľajte sa do toho," povedala čarodejnica
"once you are shaped like a human, you can never return"
"Akonáhle budeš tvarovaný ako človek, už sa nikdy nemôžeš vrátiť"
"and you will never again take the form of a mermaid"
"a už nikdy nebudeš mať podobu morskej panny"
"You will never return through the water to your sisters"
"Nikdy sa nevrátiš cez vodu k svojim sestrám"
"nor will you ever go to your father's palace again"
"Ani už nikdy nepôjdeš do paláca svojho otca"
"you will have to win the love of the prince"
"budeš si musieť získať lásku princa"
"he must be willing to forget his father and mother for you"
"Musí byť ochotný zabudnúť na svojho otca a matku kvôli tebe"
"and he must love you with all of his soul"
"a musí ťa milovať celou svojou dušou"
"the priest must join your hands together"

"kňaz musí spojiť vaše ruky"
"and he must make you man and wife in holy matrimony"
"a musí z vás urobiť muža a ženu vo svätom manželstve"
"only then will you have an immortal soul"
"iba potom budeš mať nesmrteľnú dušu"
"but you must never allow him to marry another woman"
"ale nikdy mu nesmieš dovoliť, aby si vzal inú ženu"
"the morning after he marries another woman, your heart will break"
"Ráno potom, čo sa ožení s inou ženou, ti pukne srdce"
"and you will become foam on the crest of the waves"
"a staneš sa penou na hrebeni vĺn"
the little mermaid became as pale as death
malá morská víla zbledla ako smrť
"I will do it," said the little mermaid
"Urobím to," povedala malá morská víla

"But I must be paid, also," said the witch
"Ale aj ja musím dostať zaplatené," povedala čarodejnica
"and it is not a trifle that I ask for"
"a to nie je maličkosť, o ktorú žiadam"
"You have the sweetest voice of any who dwell here"
"Máš najsladší hlas zo všetkých, ktorí tu bývajú."
"you believe that you can charm the prince with your voice"
"Veríš, že môžeš očariť princa svojim hlasom"
"But your beautiful voice you must give to me"
"Ale svoj krásny hlas mi musíš dať."
"The best thing you possess is the price of my potion"
"Najlepšia vec, ktorú vlastníš, je cena môjho elixíru"
"the potion must be mixed with my own blood"
"elixír musí byť zmiešaný s mojou vlastnou krvou"
"only this mixture makes the potion as sharp as a two-edged sword"
"iba táto zmes robí elixír ostrý ako dvojsečný meč"

the little mermaid tried to object to the cost

malá morská víla sa pokúsila namietať proti cene
"But if you take away my voice..." said the little mermaid
"Ale ak mi vezmeš hlas..." povedala malá morská víla
"if you take away my voice, what is left for me?"
"Ak mi vezmeš hlas, čo mi zostane?"
"Your beautiful form," suggested the sea witch
"Tvoja krásna podoba," navrhla morská čarodejnica
"your graceful walk, and your expressive eyes"
"tvoja ladná chôdza a tvoje výrazné oči"
"Surely, with these things you can enchain a man's heart?"
"Určite, týmito vecami dokážeš spútať mužské srdce?"
"Well, have you lost your courage?" the sea witch asked
"No, stratil si odvahu?" spýtala sa morská čarodejnica
"Put out your little tongue, so that I can cut it off"
"Vyplaz svoj jazyk, aby som ti ho mohol odrezať"
"then you shall have the powerful potion"
"potom budeš mať mocný elixír"
"It shall be," said the little mermaid
"Bude," povedala malá morská víla

Then the witch placed her cauldron on the fire
Potom bosorka položila svoj kotol na oheň
"Cleanliness is a good thing," said the sea witch
"Čistota je dobrá vec," povedala morská čarodejnica
she scoured the vessels for the right snake
prehľadávala cievy a hľadala správneho hada
all the snakes had been tied together in a large knot
všetky hady boli zviazané do veľkého uzla
Then she pricked herself in the breast
Potom sa napichla do prsníka
and she let the black blood drop into the caldron
a nechala čiernu krv kvapkať do kotla
The steam that rose twisted itself into horrible shapes
Para, ktorá stúpala, sa skrútila do strašných tvarov
no person could look at the shapes without fear
nikto sa nemohol pozerať na tvary bez strachu

Every moment the witch threw new ingredients into the vessel
Čarodejnica každú chvíľu hádzala do nádoby nové ingrediencie
finally, with everything inside, the caldron began to boil
konečne, keď bolo všetko vo vnútri, kotol začal vrieť
there was the sound like the weeping of a crocodile
ozval sa zvuk ako krokodílový plač
and at last the magic potion was ready
a konečne bol čarovný elixír pripravený
despite its ingredients, the potion looked like the clearest water
napriek svojim ingredienciám vyzeral elixír ako najčistejšia voda
"There it is, all for you," said the witch
"Tu je, všetko pre teba," povedala čarodejnica
and then she cut off the little mermaid's tongue
a potom odrezala jazyk malej morskej víle
so that the little mermaid could never again speak, nor sing again
aby malá morská víla už nikdy nemohla hovoriť ani spievať
"the polypi might try and grab you on the way out"
"Polypi sa ťa môžu pokúsiť chytiť na ceste von"
"if they try, throw over them a few drops of the potion"
"ak to skúsia, hoď cez nich pár kvapiek elixíru"
"and their fingers will be torn into a thousand pieces"
"a ich prsty budú roztrhané na tisíc kúskov"
But the little mermaid had no need to do this
Ale malá morská víla to nemusela robiť
the polypi sprang back in terror when they saw her
polypi odskočili od hrôzy, keď ju uvideli
they saw she had lost her tongue to the sea witch
videli, že stratila jazyk kvôli morskej čarodejnici
and they saw she was carrying the potion
a videli, že nesie elixír
the potion shone in her hand like a twinkling star

elixír žiaril v jej ruke ako trblietajúca sa hviezda

So she passed quickly through the wood and the marsh
Tak rýchlo prešla lesom a močiarom
and she passed between the rushing whirlpools
a prešla pomedzi rútiace sa víry
soon she made her way back to the palace of her father
čoskoro sa vrátila do paláca svojho otca
all the torches in the ballroom were extinguished
všetky pochodne v tanečnej sále boli zhasnuté
all within the palace must now be asleep
všetci v paláci teraz musia spať
But she did not go inside to see them
Nevošla však dovnútra, aby ich videla
she knew she was going to leave them forever
vedela, že ich navždy opustí
and she knew her heart would break if she saw them
a vedela, že ak ich uvidí, zlomí sa jej srdce
she went into the garden one last time
poslednýkrát vošla do záhrady
and she took a flower from each one of her sisters
a od každej zo svojich sestier vzala kvet
and then she rose up through the dark-blue waters
a potom sa zdvihla cez tmavomodré vody

The Little Mermaid Meets the Prince
Malá morská víla sa stretáva s princom

the little mermaid arrived at the prince's palace
malá morská víla dorazila do princovho paláca
the sun had not yet risen from the sea
slnko ešte nevyšlo z mora
and the moon shone clear and bright in the night
a mesiac v noci jasne a jasne svietil
the little mermaid sat at the beautiful marble steps
malá morská víla sedela pri krásnych mramorových schodoch
and then the little mermaid drank the magic potion
a potom malá morská víla vypila čarovný nápoj
she felt the cut of a two-edged sword cut through her
cítila, ako ju preťal rez dvojsečným mečom
and she fell into a swoon, and lay like one dead
a upadla do mdlob a ležala ako mŕtva
the sun rose from the sea and shone over the land
slnko vychádzalo z mora a svietilo nad zemou
she recovered and felt the pain from the cut
prebrala sa a pocítila bolesť z rezu
but before her stood the handsome young prince
ale pred ňou stál pekný mladý princ

He fixed his coal-black eyes upon the little mermaid
Svoje oči čierne ako uhoľ uprel na malú morskú vílu
he looked so earnestly that she cast down her eyes
pozrel sa tak vážne, že sklopila oči
and then she became aware that her fish's tail was gone
a potom si uvedomila, že jej rybí chvost je preč
she saw that she had the prettiest pair of white legs
videla, že má najkrajší pár bielych nôh
and she had tiny feet, as any little maiden would have
a mala maličké nôžky, aké by mala každá malá panna
But, having come from the sea, she had no clothes
Ale keď prišla z mora, nemala žiadne šaty

so she wrapped herself in her long, thick hair
tak sa zahalila do svojich dlhých hustých vlasov
The prince asked her who she was and whence she came
Princ sa jej spýtal, kto je a odkiaľ prišla
She looked at him mildly and sorrowfully
Pozrela sa na neho mierne a smutne
but she had to answer with her deep blue eyes
ale musela odpovedať svojimi hlbokými modrými očami
because the little mermaid could not speak anymore
pretože malá morská víla už nevládala rozprávať
He took her by the hand and led her to the palace
Chytil ju za ruku a viedol do paláca

Every step she took was as the witch had said it would be
Každý krok, ktorý urobila, bol taký, ako jej veštica povedala, že bude
she felt as if she were treading upon sharp knives
mala pocit, akoby šliapala po ostrých nožoch
She bore the pain of her wish willingly, however
Ochotne však znášala bolesť svojho želania
and she moved at the prince's side as lightly as a bubble
a pohybovala sa po princovom boku zľahka ako bublina
all who saw her wondered at her graceful, swaying movements
všetci, ktorí ju videli, sa čudovali jej ladným, hojdavým pohybom
She was very soon arrayed in costly robes of silk and muslin
Veľmi skoro bola oblečená do drahých rúch z hodvábu a mušelínu
and she was the most beautiful creature in the palace
a bola to najkrajšie stvorenie v paláci
but she appeared dumb, and could neither speak nor sing
ale vyzerala ako nemá a nevedela ani hovoriť, ani spievať

there were beautiful female slaves, dressed in silk and gold
boli tam krásne otrokyne, oblečené v hodvábe a zlate

they stepped forward and sang in front of the royal family
vystúpili a spievali pred kráľovskou rodinou
each slave could sing better than the next one
každý otrok vedel spievať lepšie ako ten druhý
and the prince clapped his hands and smiled at her
a princ tlieskol rukami a usmial sa na ňu
This was a great sorrow to the little mermaid
Pre malú morskú vílu to bol veľký smútok
she knew how much more sweetly she was able to sing
vedela, o koľko sladšie je schopná spievať
"if only he knew I have given away my voice to be with him!"
"Keby len vedel, že som dal svoj hlas, aby som bol s ním!"

there was music being played by an orchestra
tam bola hudba, ktorú hral orchester
and the slaves performed some pretty, fairy-like dances
a otroci predviedli pekné tance ako víla
Then the little mermaid raised her lovely white arms
Potom malá morská víla zdvihla svoje krásne biele ruky
she stood on the tips of her toes like a ballerina
stála na špičkách prstov ako baletka
and she glided over the floor like a bird over water
a kĺzala po podlahe ako vták po vode
and she danced as no one yet had been able to dance
a tancovala tak, ako ešte nikto nevedel tancovať
At each moment her beauty was more revealed
Každú chvíľu bola jej krása viac odhalená
most appealing of all, to the heart, were her expressive eyes
najpríťažlivejšie pre srdce boli jej výrazné oči
Everyone was enchanted by her, especially the prince
Všetci boli ňou očarení, najmä princ
the prince called her his deaf little foundling
princ ju nazval svojím malým hluchým nálezcom
and she happily continued to dance, to please the prince
a veselo pokračovala v tanci, aby potešila princa

but we must remember the pain she endured for his pleasure
ale musíme pamätať na bolesť, ktorú znášala pre jeho potešenie
every step on the floor felt as if she trod on sharp knives
každý krok na podlahe mala pocit, akoby šliapala po ostrých nožoch

The prince said she should remain with him always
Princ povedal, že by s ním mala vždy zostať
and she was given permission to sleep at his door
a dostala povolenie spať pri jeho dverách
they brought a velvet cushion for her to lie on
priniesli jej zamatový vankúš, aby si mohla ľahnúť
and the prince had a page's dress made for her
a princ jej dal ušiť pážacie šaty
this way she could accompany him on horseback
takto by ho mohla sprevádzať na koni
They rode together through the sweet-scented woods
Spoločne jazdili cez sladko voňajúce lesy
in the woods the green branches touched their shoulders
v lese sa zelené konáre dotýkali ich ramien
and the little birds sang among the fresh leaves
a malé vtáčiky spievali medzi čerstvými listami
She climbed with him to the tops of high mountains
Vyliezla s ním na vrcholy vysokých hôr
and although her tender feet bled, she only smiled
a hoci jej nežné nohy krvácali, len sa usmievala
she followed him till the clouds were beneath them
išla za ním, až kým pod nimi neboli oblaky
like a flock of birds flying to distant lands
ako kŕdeľ vtákov letiacich do vzdialených krajín

when all were asleep she sat on the broad marble steps
keď všetci spali, posadila sa na široké mramorové schody
it eased her burning feet to bathe them in the cold water

uľahčilo to jej horiace nohy, aby si ich okúpala v studenej vode
It was then that she thought of all those in the sea
Vtedy myslela na všetkých v mori
Once, during the night, her sisters came up, arm in arm
Raz v noci prišli jej sestry, ruky v ruke
they sang sorrowfully as they floated on the water
žalostne spievali, keď plávali na vode
She beckoned to them, and they recognized her
Kývla na nich a oni ju spoznali
they told her how they had grieved their youngest sister
povedali jej, ako zarmútili svoju najmladšiu sestru
after that, they came to the same place every night
potom prichádzali každú noc na to isté miesto
Once she saw in the distance her old grandmother
Raz v diaľke uvidela svoju starú babičku
she had not been to the surface of the sea for many years
dlhé roky nebola na hladine mora
and the old Sea King, her father, with his crown on his head
a starý morský kráľ, jej otec, s korunou na hlave
he too came to where she could see him
aj on prišiel tam, kde ho mohla vidieť
They stretched out their hands towards her
Natiahli k nej ruky
but they did not venture as near the land as her sisters
ale neodvážili sa tak blízko zeme ako jej sestry

As the days passed she loved the prince more dearly
Ako dni plynuli, milovala princa viac
and he loved her as one would love a little child
a miloval ju tak, ako by človek miloval malé dieťa
The thought never came to him to make her his wife
Nikdy ho nenapadla myšlienka urobiť z nej manželku
but, unless he married her, her wish would never come true
ale pokiaľ si ju nevzal, jej želanie by sa nikdy nesplnilo
unless he married her she could not receive an immortal soul
ak si ju nevzal, nemohla by získať nesmrteľnú dušu

and if he married another her dreams would shatter
a keby sa oženil s inou, jej sny by sa rozbili
on the morning after his marriage she would dissolve
ráno po jeho svadbe by sa rozpustila
and the little mermaid would become the foam of the sea
a malá morská víla by sa stala penou mora

the prince took the little mermaid in his arms
princ vzal malú morskú vílu do náručia
and he kissed her on her forehead
a pobozkal ju na čelo
with her eyes she tried to ask him
očami sa ho snažila opýtať
"Do you not love me the most of them all?"
"Nemiluješ ma najviac zo všetkých?"
"Yes, you are dear to me," said the prince
„Áno, si mi drahý," povedal princ
"because you have the best heart"
"pretože máš najlepšie srdce"
"and you are the most devoted to me"
"a ty si mi najviac oddaný"
"You are like a young maiden whom I once saw"
"Si ako mladá dievčina, ktorú som kedysi videl"
"but I shall never meet this young maiden again"
"ale už nikdy nestretnem toto mladé dievča"
"I was in a ship that was wrecked"
"Bol som na stroskotanej lodi"
"and the waves cast me ashore near a holy temple"
"a vlny ma vyhodili na breh blízko svätého chrámu"
"at the temple several young maidens performed the service"
„v chráme slúžilo niekoľko mladých dievčat"
"The youngest maiden found me on the shore"
"Najmladšia panna ma našla na brehu"
"and the youngest of the maidens saved my life"
"a najmladšia z dievčat mi zachránila život"
"I saw her but twice," he explained

"Videl som ju len dvakrát," vysvetlil
"and she is the only one in the world whom I could love"
"a ona je jediná na svete, ktorú by som mohol milovať"
"But you are like her," he reassured the little mermaid
„Ale ty si ako ona," upokojoval malú morskú vílu
"and you have almost driven her image from my mind"
"a takmer si vyhnal jej obraz z mojej mysle"
"She belongs to the holy temple"
"Patrí do svätého chrámu"
"good fortune has sent you instead of her to me"
"šťastie ku mne poslalo teba namiesto nej"
"We will never part," he comforted the little mermaid
„Nikdy sa nerozlúčime," utešoval malú morskú vílu

but the little mermaid could not help but sigh
ale malá morská víla sa neubránila vzdychu
"he knows not that it was I who saved his life"
"Nevie, že som to bol ja, kto mu zachránil život"
"I carried him over the sea to where the temple stands"
"Preniesol som ho cez more tam, kde stojí chrám"
"I sat beneath the foam till the human came to help him"
"Sedel som pod penou, kým mu človek neprišiel pomôcť."
"I saw the pretty maiden that he loves"
"Videl som peknú devu, ktorú miluje"
"the pretty maiden that he loves more than me"
"pekná panna, ktorú miluje viac ako mňa"
The mermaid sighed deeply, but she could not weep
Morská panna si zhlboka povzdychla, no nemohla plakať
"He says the maiden belongs to the holy temple"
"Hovorí, že dievča patrí do svätého chrámu"
"therefore she will never return to the world"
"preto sa nikdy nevráti do sveta"
"they will meet no more," the little mermaid hoped
"už sa nestretnú," dúfala malá morská víla
"I am by his side and see him every day"
"Som po jeho boku a vidím ho každý deň"

"I will take care of him, and love him"
"Postarám sa o neho a budem ho milovať"
"and I will give up my life for his sake"
"a kvôli nemu sa vzdávam svojho života"

The Day of the Wedding
Deň svadby

Very soon it was said that the prince was going to marry
Veľmi skoro sa hovorilo, že princ sa ide oženiť
there was the beautiful daughter of a neighbouring king
tam bola krásna dcéra susedného kráľa
it was said that she would be his wife
hovorilo sa, že bude jeho manželkou
for the occasion a fine ship was being fitted out
pri tejto príležitosti sa vybavovala pekná loď
the prince said he intended only to visit the king
princ povedal, že má v úmysle len navštíviť kráľa
they thought he was only going so as to meet the princess
mysleli si, že ide len preto, aby sa stretol s princeznou
The little mermaid smiled and shook her head
Malá morská víla sa usmiala a pokrútila hlavou
She knew the prince's thoughts better than the others
Poznala princove myšlienky lepšie ako ostatní

"I must travel," he had said to her
„Musím cestovať," povedal jej
"I must see this beautiful princess"
"Musím vidieť túto krásnu princeznú"
"My parents want me to go and see her"
"Moji rodičia chcú, aby som ju išiel pozrieť."
"but they will not oblige me to bring her home as my bride"
"ale nebudú ma zaväzovať, aby som si ju priviedol domov ako svoju nevestu"
"you know that I cannot love her"
"Vieš, že ju nemôžem milovať"
"because she is not like the beautiful maiden in the temple"
"pretože nie je ako krásna panna v chráme"
"the beautiful maiden whom you resemble"
"krásna panna, na ktorú sa podobáš"
"If I were forced to choose a bride, I would choose you"

"Keby som bol nútený vybrať si nevestu, vybral by som si teba"
"my deaf foundling, with those expressive eyes"
"môj hluchý nálezca, s tými výraznými očami"
Then he kissed her rosy mouth
Potom ju pobozkal na ružové ústa
and he played with her long, waving hair
a hral sa s jej dlhými vlniacimi sa vlasmi
and he laid his head on her heart
a položil si hlavu na jej srdce
she dreamed of human happiness and an immortal soul
snívala o ľudskom šťastí a nesmrteľnej duši

they stood on the deck of the noble ship
stáli na palube vznešenej lode
"You are not afraid of the sea, are you?" he said
"Nebojíš sa mora, však?" povedal
the ship was to carry them to the neighbouring country
loď ich mala dopraviť do susednej krajiny
Then he told her of storms and of calms
Potom jej povedal o búrkach a pokojoch
he told her of strange fishes deep beneath the water
povedal jej o zvláštnych rybách hlboko pod vodou
and he told her of what the divers had seen there
a povedal jej, čo tam potápači videli
She smiled at his descriptions, slightly amused
Trochu pobavene sa pri jeho opisoch usmiala
she knew better what wonders were at the bottom of the sea
lepšie vedela, aké divy sú na dne mora

the little mermaid sat on the deck at moonlight
malá morská víla sedela na palube pri mesačnom svite
all on board were asleep, except the man at the helm
všetci na palube spali, okrem muža pri kormidle
and she gazed down through the clear water
a pozerala sa dolu cez čistú vodu

She thought she could distinguish her father's castle
Myslela si, že dokáže rozlíšiť hrad svojho otca
and in the castle she could see her aged grandmother
a v zámku mohla vidieť svoju starú babičku
Then her sisters came out of the waves
Potom z vĺn vyšli jej sestry
and they gazed at their sister mournfully
a smutne hľadeli na svoju sestru
She beckoned to her sisters, and smiled
Kývla na sestry a usmiala sa
she wanted to tell them how happy and well off she was
chcela im povedať, aká šťastná a dobre sa má
But the cabin boy approached and her sisters dived down
Palubník sa však priblížil a jej sestry sa ponorili dolu
he thought what he saw was the foam of the sea
myslel si, že to, čo videl, bola pena mora

The next morning the ship got into the harbour
Nasledujúce ráno sa loď dostala do prístavu
they had arrived in a beautiful coastal town
dorazili do krásneho pobrežného mesta
on their arrival they were greeted by church bells
pri príchode ich vítali kostolné zvony
and from the high towers sounded a flourish of trumpets
a z vysokých veží zaznel rozkvet trúb
soldiers lined the roads through which they passed
vojaci lemovali cesty, ktorými prechádzali
Soldiers, with flying colors and glittering bayonets
Vojaci so skvelými farbami a trblietavými bajonetmi
Every day that they were there there was a festival
Každý deň, keď tam boli, bol festival
balls and entertainments were organised for the event
Na podujatí sa organizovali plesy a zábavy
But the princess had not yet made her appearance
Ale princezná sa ešte neobjavila
she had been brought up and educated in a religious house

bola vychovaná a vzdelávaná v rehoľnom dome
she was learning every royal virtue of a princess
učila sa každej kráľovskej cnosti princeznej

At last, the princess made her royal appearance
Nakoniec sa princezná objavila ako kráľovská
The little mermaid was anxious to see her
Malá morská víla sa dočkala, až ju uvidí
she had to know whether she really was beautiful
musela vedieť, či je naozaj krásna
and she was obliged to admit she really was beautiful
a bola povinná priznať, že je naozaj krásna
she had never seen a more perfect vision of beauty
nikdy nevidela dokonalejšiu víziu krásy
Her skin was delicately fair
Jej pokožka bola jemne svetlá
and her laughing blue eyes shone with truth and purity
a jej vysmiate modré oči žiarili pravdou a čistotou
"It was you," said the prince
"Bol si to ty," povedal princ
"you saved my life when I lay as if dead on the beach"
"zachránil si mi život, keď som ležal ako mŕtvy na pláži"
"and he held his blushing bride in his arms"
"a v náručí držal svoju červenajúcu sa nevestu"

"Oh, I am too happy!" said he to the little mermaid
"Ach, som príliš šťastný!" povedal malej morskej víle
"my fondest hopes are now fulfilled"
"moje najväčšie nádeje sú teraz splnené"
"You will rejoice at my happiness"
"Budeš sa radovať z môjho šťastia"
"because your devotion to me is great and sincere"
"pretože tvoja oddanosť ku mne je veľká a úprimná"
The little mermaid kissed the prince's hand
Malá morská víla pobozkala princovi ruku
and she felt as if her heart were already broken

a mala pocit, že jej srdce už bolo zlomené
the morning of his wedding was going to bring death to her
ráno jeho svadby jej prinesie smrť
she knew she was to become the foam of the sea
vedela, že sa má stať penou mora

the sound of the church bells rang through the town
mestom sa ozval zvuk kostolných zvonov
the heralds rode through the town proclaiming the betrothal
hlásatelia jazdili mestom a vyhlasovali zasnúbenie
Perfumed oil was burned in silver lamps on every altar
Na každom oltári sa v strieborných lampách pálil parfumovaný olej
The priests waved the censers over the couple
Kňazi mávali nad párom kadidelnice
and the bride and the bridegroom joined their hands
a nevesta a ženích si spojili ruky
and they received the blessing of the bishop
a prijali požehnanie biskupa
The little mermaid was dressed in silk and gold
Malá morská víla bola oblečená v hodvábe a zlate
she held up the bride's dress, in great pain
s veľkými bolesťami zdvihla nevestine šaty
but her ears heard nothing of the festive music
ale jej uši nepočuli nič zo sviatočnej hudby
and her eyes saw not the holy ceremony
a jej oči nevideli svätý obrad
She thought of the night of death coming to her
Myslela na noc smrti, ktorá k nej prichádza
and she mourned for all she had lost in the world
a smútila za všetkým, čo vo svete stratila

that evening the bride and bridegroom boarded the ship
v ten večer nevesta a ženích nastúpili na loď
the ship's cannons were roaring to celebrate the event
lodné delá zahučali na oslavu tejto udalosti

and all the flags of the kingdom were waving
a všetky vlajky kráľovstva viali
in the centre of the ship a tent had been erected
v strede lode bol postavený stan
in the tent were the sleeping couches for the newlyweds
v stane boli ležadlá na spanie pre novomanželov
the winds were favourable for navigating the calm sea
vetry boli priaznivé na plavbu po pokojnom mori
and the ship glided as smoothly as the birds of the sky
a loď kĺzala hladko ako nebeské vtáky

When it grew dark, a number of colored lamps were lighted
Keď sa zotmelo, rozsvietilo sa množstvo farebných lámp
the sailors and royal family danced merrily on the deck
námorníci a kráľovská rodina veselo tancovali na palube
The little mermaid could not help thinking of her birthday
Malá morská víla sa nemohla ubrániť pomysleniu na svoje narodeniny
the day that she rose out of the sea for the first time
deň, keď prvýkrát vystúpila z mora
similar joyful festivities were celebrated on that day
v ten deň sa slávili podobné radostné slávnosti
she thought about the wonder and hope she felt that day
premýšľala o zázraku a nádeji, ktorú v ten deň cítila
with those pleasant memories, she too joined in the dance
s tými príjemnými spomienkami sa do tanca zapojila aj ona
on her paining feet, she poised herself in the air
na svojich bolestivých nohách sa postavila vo vzduchu
the way a swallow poises itself when in pursued of prey
spôsob, akým sa lastovička nastavuje, keď je prenasledovaná korisťou
the sailors and the servants cheered her wonderingly
námorníci a sluhovia ju začudovane povzbudzovali
She had never danced so gracefully before
Nikdy predtým netancovala tak elegantne
Her tender feet felt as if cut with sharp knives

Jej nežné nohy boli akoby prerezané ostrými nožmi
but she cared little for the pain of her feet
ale málo sa starala o bolesť nôh
there was a much sharper pain piercing her heart
jej srdce prenikla oveľa ostrejšia bolesť

She knew this was the last evening she would ever see him
Vedela, že toto je posledný večer, kedy ho uvidí
the prince for whom she had forsaken her kindred and home
princ, pre ktorého opustila svoj rod a domov
She had given up her beautiful voice for him
Kvôli nemu sa vzdala svojho krásneho hlasu
and every day she had suffered unheard-of pain for him
a každý deň kvôli nemu trpela neslýchanú bolesť
she suffered all this, while he knew nothing of her pain
toto všetko trpela, zatiaľ čo on nevedel nič o jej bolesti
it was the last evening she would breath the same air as him
bol to posledný večer, kedy dýchala rovnaký vzduch ako on
it was the last evening she would gaze on the same starry sky
bol to posledný večer, kedy hľadela na tú istú hviezdnu oblohu
it was the last evening she would gaze into the deep sea
bol to posledný večer, kedy hľadela do hlbokého mora
it was the last evening she would gaze into the eternal night
bol to posledný večer, kedy hľadela do večnej noci
an eternal night without thoughts or dreams awaited her
čakala ju večná noc bez myšlienok a snov
She was born without a soul, and now she could never win one
Narodila sa bez duše a teraz ju nikdy nemohla vyhrať

All was joy and gaiety on the ship until long after midnight
Na lodi bolo veselo a veselo až dlho po polnoci
She smiled and danced with the others on the royal ship
Usmievala sa a tancovala s ostatnými na kráľovskej lodi

but she danced while the thought of death was in her heart
ale tancovala, zatiaľ čo myšlienka na smrť bola v jej srdci
she had to watch the prince dance with the princess
musela sledovať, ako princ tancuje s princeznou
she had to watch when the prince kissed his beautiful bride
musela sa pozerať, keď princ pobozkal svoju krásnu nevestu
she had to watch her play with the prince's raven hair
musela sledovať, ako sa hrá s princovými havraními vlasmi
and she had to watch them enter the tent, arm in arm
a musela sa pozerať, ako vchádzajú do stanu, ruka v ruke

After the Wedding
Po svadbe

After they had gone all became still on board the ship
Keď odišli, všetci stíchli na palube lode
only the pilot, who stood at the helm, was still awake
len pilot, ktorý stál pri kormidle, bol stále hore
The little mermaid leaned on the edge of the vessel
Malá morská víla sa oprela o okraj nádoby
she looked towards the east for the first blush of morning
pozrela sa smerom na východ na prvý ranný rumenec
the first ray of the dawn, which was to be her death
prvý lúč úsvitu, ktorý mal byť jej smrťou
from far away she saw her sisters rising out of the sea
už zďaleka videla svoje sestry vystupovať z mora
They were as pale with fear as she was
Boli bledí od strachu ako ona
but their beautiful hair no longer waved in the wind
ale ich krásne vlasy sa už vo vetre nevlnili
"We have given our hair to the witch," said they
"Dali sme naše vlasy čarodejnici," povedali
"so that you do not have to die tonight"
"aby si nemusel dnes večer zomrieť"
"for our hair we have obtained this knife"
"pre naše vlasy sme dostali tento nôž"
"Before the sun rises you must use this knife"
"Pred východom slnka musíte použiť tento nôž."
"you must plunge the knife into the heart of the prince"
"Musíš vraziť nôž do srdca princa"
"the warm blood of the prince must fall upon your feet"
"teplá krv princa musí padať na tvoje nohy"
"and then your feet will grow together again"
"a potom tvoje nohy opäť zrastú"
"where you have legs you will have a fish's tail again"
"kde máš nohy, tam budeš mať zase rybí chvost"

"and where you were human you will once more be a mermaid"
"a kde si bol človekom, budeš opäť morskou pannou"
"then you can return to live with us, under the sea"
"potom sa môžeš vrátiť žiť s nami pod more"
"and you will be given your three hundred years of a mermaid"
"a dostaneš svojich tristo rokov morskej panny"
"and only then will you be changed into the salty sea foam"
"a až potom sa zmeníš na slanú morskú penu"
"Haste, then; either he or you must die before sunrise"
"Tak sa poponáhľaj; buď on alebo ty musíš zomrieť pred východom slnka."
"our old grandmother mourns for you day and night"
"Naša stará babička za tebou smúti dňom i nocou"
"her white hair is falling out"
"padajú jej biele vlasy"
"just as our hair fell under the witch's scissors"
"tak ako naše vlasy padali pod čarodejníckymi nožnicami"
"Kill the prince, and come back," they begged her
„Zabi princa a vráť sa," prosili ju
"Do you not see the first red streaks in the sky?"
"Nevidíš prvé červené pruhy na oblohe?"
"In a few minutes the sun will rise, and you will die"
"O pár minút vyjde slnko a ty zomrieš"
having done their best, her sisters sighed deeply
keď urobili, čo bolo v ich silách, jej sestry si hlboko povzdychli
mournfully her sisters sank back beneath the waves
jej sestry smutne klesli späť pod vlny
and the little mermaid was left with the knife in her hands
a malá morská víla zostala s nožom v rukách

she drew back the crimson curtain of the tent
odhrnula karmínový záves stanu
and in the tent she saw the beautiful bride
a v stane uvidela krásnu nevestu

her face was resting on the prince's breast
jej tvár spočívala na princových prsiach
and then the little mermaid looked at the sky
a potom sa malá morská víla pozrela na oblohu
on the horizon the rosy dawn grew brighter and brighter
na obzore ružové zore čoraz jasnejšie
She glanced at the sharp knife in her hands
Pozrela na ostrý nôž vo svojich rukách
and again she fixed her eyes on the prince
a znova uprela oči na princa
She bent down and kissed his noble brow
Sklonila sa a pobozkala ho na vznešené čelo
he whispered the name of his bride in his dreams
šepkal v snoch meno svojej nevesty
he was dreaming of the princess he had married
sníval o princeznej, ktorú si vzal
the knife trembled in the hand of the little mermaid
nôž sa triasol v ruke malej morskej víly
but she flung the knife far into the sea
ale hodila nôž ďaleko do mora

where the knife fell the water turned red
kde nôž dopadol, voda sa začervenala
the drops that spurted up looked like blood
kvapky, ktoré vytryskli, vyzerali ako krv
She cast one last look upon the prince she loved
Vrhla posledný pohľad na princa, ktorého milovala
the sun pierced the sky with its golden arrows
slnko prerážalo oblohu svojimi zlatými šípmi
and she threw herself from the ship into the sea
a hodila sa z lode do mora
the little mermaid felt her body dissolving into foam
malá morská víla cítila, ako sa jej telo rozpúšťalo do peny
and all that rose to the surface were bubbles of air
a všetko, čo vystúpilo na povrch, boli bubliny vzduchu
the sun's warm rays fell upon the cold foam

teplé slnečné lúče dopadali na studenú penu
but she did not feel as if she were dying
ale nemala pocit, že by umierala
in a strange way she felt the warmth of the bright sun
zvláštnym spôsobom cítila teplo jasného slnka
she saw hundreds of beautiful transparent creatures
videla stovky nádherných priehľadných tvorov
the creatures were floating all around her
stvorenia plávali všade okolo nej
through the creatures she could see the white sails of the ships
cez stvorenia videla biele plachty lodí
and between the sails of the ships she saw the red clouds in the sky
a medzi plachtami lodí videla na oblohe červené oblaky
Their speech was melodious and childlike
Ich reč bola melodická a detská
but their speech could not be heard by mortal ears
ale ich reč nemohla počuť smrteľné uši
nor could their bodies be seen by mortal eyes
ani ich telá nemohli vidieť smrteľné oči
The little mermaid perceived that she was like them
Malá morská víla vnímala, že je ako oni
and she felt that she was rising higher and higher
a cítila, že stúpa stále vyššie
"Where am I?" asked she, and her voice sounded ethereal
"Kde som?" spýtala sa a jej hlas znel éterický
there is no earthly music that could imitate her
neexistuje žiadna pozemská hudba, ktorá by ju mohla napodobniť
"you are among the daughters of the air," answered one of them
"Ste medzi dcérami vzduchu," odpovedala jedna z nich
"A mermaid has not an immortal soul"
"Morská panna nemá nesmrteľnú dušu"
"nor can mermaids obtain immortal souls"

"ani morské panny nemôžu získať nesmrteľné duše"
"unless she wins the love of a human being"
"pokiaľ nezíska lásku k ľudskej bytosti"
"on the will of another hangs her eternal destiny"
"na vôli druhého visí jej večný osud"
"like you, we do not have immortal souls either"
"ako ty, ani my nemáme nesmrteľné duše"
"but we can obtain an immortal soul by our deeds"
"ale nesmrteľnú dušu môžeme získať našimi skutkami"
"We fly to warm countries and cool the sultry air"
"Letíme do teplých krajín a chladíme dusný vzduch"
"the heat that destroys mankind with pestilence"
"teplo, ktoré ničí ľudstvo morom"
"We carry the perfume of the flowers"
"Nosíme vôňu kvetov"
"and we spread health and restoration"
"a šírime zdravie a obnovu"

"for three hundred years we travel the world like this"
"Tristo rokov takto cestujeme po svete"
"in that time we strive to do all the good in our power"
"v tom čase sa snažíme urobiť všetko dobré, čo je v našich silách"
"if we succeed we receive an immortal soul"
"Ak uspejeme, získame nesmrteľnú dušu"
"and then we too take part in the happiness of mankind"
"a potom sa aj my podieľame na šťastí ľudstva"
"You, poor little mermaid, have done your best"
"Ty, úbohá malá morská víla, urobila si to najlepšie, čo si mohla"
"you have tried with your whole heart to do as we are doing"
"Celým srdcom si sa snažil robiť to, čo my"
"You have suffered and endured an enormous pain"
"Trpel si a vydržal si obrovskú bolesť"
"by your good deeds you raised yourself to the spirit world"

"svojimi dobrými skutkami si sa pozdvihol do duchovného sveta"
"and now you will live alongside us for three hundred years"
"a teraz budeš žiť s nami tristo rokov"
"by striving like us, you may obtain an immortal soul"
"Snažením ako my môžete získať nesmrteľnú dušu"
The little mermaid lifted her glorified eyes toward the sun
Malá morská víla zdvihla svoje oslávené oči k slnku
for the first time, she felt her eyes filling with tears
po prvý raz pocítila, ako sa jej oči naplnili slzami

On the ship she had left there was life and noise
Na lodi, ktorú nechala, bol život a hluk
she saw the prince and his beautiful bride searching for her
videla, ako ju princ a jeho krásna nevesta hľadajú
Sorrowfully, they gazed at the pearly foam
Smutne hľadeli na perleťovú penu
it was as if they knew she had thrown herself into the waves
akoby vedeli, že sa vrhla do vĺn
Unseen, she kissed the forehead of the bride
Nevidená pobozkala nevestu na čelo
and then she rose with the other children of the air
a potom vstala s ostatnými deťmi vzduchu
together they went to a rosy cloud that floated above
spolu išli k ružovému oblaku, ktorý sa vznášal nad ním

"After three hundred years," one of them started explaining
„Po tristo rokoch," začal vysvetľovať jeden z nich
"then we shall float into the kingdom of heaven," said she
"Potom sa vznesieme do nebeského kráľovstva," povedala
"And we may even get there sooner," whispered a companion
"A možno sa tam dostaneme aj skôr," zašepkal spoločník
"Unseen we can enter the houses where there are children"
"Nevidení môžeme vstúpiť do domov, kde sú deti"
"in some of the houses we find good children"

"v niektorých domoch nájdeme dobré deti"
"these children are the joy of their parents"
"tieto deti sú radosťou svojich rodičov"
"and these children deserve the love of their parents"
"a tieto deti si zaslúžia lásku svojich rodičov"
"such children shorten the time of our probation"
"takéto deti nám skracujú skúšobnú dobu"
"The child does not know when we fly through the room"
"Dieťa nevie, kedy letíme cez izbu"
"and they don't know that we smile with joy at their good conduct"
"a nevedia, že sa s radosťou usmievame nad ich dobrým správaním"
"because then our judgement comes one day sooner"
"pretože potom náš súd príde o deň skôr"
"But we see naughty and wicked children too"
"Ale vidíme aj nezbedné a zlé deti"
"when we see such children we shed tears of sorrow"
"keď vidíme takéto deti, roníme slzy smútku"
"and for every tear we shed a day is added to our time"
"a za každú slzu, ktorú vyroníme, sa deň pridáva k nášmu času"

www.tranzlaty.com

www.ingramcontent.com/pod-product-compliance
Lightning Source LLC
Chambersburg PA
CBHW012008090526
44590CB00026B/3923